卷二

中华谚语大全

郑红峰 主编

吉林出版集团有限责任公司

卷四　劳动　经济　生产

A

挨饿受穷，不吃籽种

指人即便生活贫困也不能吃来年耕种的种子。

拗气损财

指因赌气而损失钱财。

B

拔根汗毛都比腰粗

比喻富人的钱财比穷人多很多。

白酒红人面，黄金黑世心

指喝了白酒人的脸色会红润，钱财能打动人心，使人心地变坏。比喻贪图钱财会让人良心变坏。意在提醒人们，钱财可泯灭人的良知，不要因为钱财而丢掉良心。

白米饭好吃田难种，鱼汤鲜美网难抬

比喻幸福的生活只有通过艰苦的劳动才能获得。

百货中百客，百样生意百样做

中：恰好合上。指只有货物种类样样俱全，才能满足顾客多方面的需要，每个生意有每个生意的做法。

百里不贩樵，千里不贩籴

贩樵：卖柴。贩籴：卖粮食。指不要远途行商。比喻不要到百里之外的地方卖柴，也不要到很远的地方卖粮食，路途太遥远划不来。

百年土地转三家

三：表示多数。指百年之内，土地会转换好几家主人。古时指土地私有，经过买卖，常常更换主人。

百问不烦，百挑不厌

指商业部门对顾客应有很大的耐心，要提供周全的服务。

百行百业农为首，百亩之田肥当先

各行各业中，农业是立根之本；耕种田地时，肥料最重要。

百样生意百样做

指不同的生意有不同的做法。比喻处理不同的问题有不同的方法。

百业农为本,万般土里生

指农业是各行各业的基础,吃穿用度都是从土地上来。意在强调农业的重要性。

百艺百穷,九十九艺空

各种各样的技艺都想学精,百分之九十九会落空。指学艺贵在精,不在种类多。

百艺防身

每种武艺都可用来防身。也指各种技艺都能保障最基本的生活。

百艺好学,一窍难得

各种技艺都不难学习,但掌握诀窍、学好它却不是件容易事。

半路上出家

上了年纪才出家当和尚、尼姑、道士。意谓半路转行。

帮艺不帮钱

指教人技艺比用钱财帮助他人更有用。

褒贬是买主,喝彩是闲人

喝彩:大声叫好。指评论货物是好是坏,是真正的买主;嘴上连声夸货好的,倒不一定是实实在在想买货的人。

饱备干粮晴备伞,丰年也要防歉年

歉:收成不好。在境遇或年成好的时候也时刻要防备发生灾难,要有所准备,以防有灾时措手不及。

保水就是保谷仓,积水就是积米粮

要保证粮仓充实就先得保证水利灌溉的充足。

保土必先保水,治土必先治山

保护土地需先从保护水源开始,治理土地需先从治理荒山着手。

鸨儿爱钞,猱儿爱俏

鸨儿:也叫老鸨、鸨母,指古时开妓院的女人。猱:古代的一种猴,此处指年轻女子。指开妓院的老鸨看重的是钱财,漂亮妓女看重的是俊美的男子。比喻各有所图。

本钱易寻,伙计难讨

伙计:古时指店员。指做生意,本钱容易筹集,要找一个值得信赖的伙计却很不容易。

本小利微,本大利宽

指做生意本钱少,利润就少;本钱大,利润就大。比喻做买卖本钱小,盈利也就少;本钱投入多,盈利自然也会多。

秕糠哪里榨得出油来

比喻对于一无所有的穷人,不论怎样逼迫,也逼不出钱来。

扁担是条龙,一生吃不穷

指穷苦人靠挑担卖苦力,也可以维持基本的生活。

便宜里面有个穷

便宜:分外的利益。指得到了不该得的好处,保不住会越来越穷。

便宜无好货

指价格偏低、轻易到手的东西,质量一般不怎么样。

薄地怕穷汉,肥地怕懒汉

薄地:不肥沃的土地。指不在土地上投资,薄地会越种越薄;不经常耕作,肥地也会变薄。

薄艺随身,赛如娘跟

只要掌握一点技艺,自己的生活就会有所依靠。

捕生不如捕熟

指另找新的谋生门路,不如从事原来熟悉的行业。

不当撑船手,不会摸篙竿

比喻经过亲身实践,才干才能有所增长。

不懂生意经,买卖做不成

指如果不懂经商的规律,生意就做不成。

不懂庄稼脾气,枉费一年力气

脾气:规律、特性。指农民如果不熟悉农作物的自身特性、耕作规律,即使辛苦耕作一年,也不见得获得好的收成。

不会打仗不吃粮,不会唱歌不卖糖

指当兵的人得会打仗,卖糖的得会唱歌吆喝。比喻干哪一行就要学会哪一行的本领。

不会念经,休做和尚;不会上鞋,休做皮匠

比喻干哪一行要掌握哪一行的本领。

不会蚀本,就不会赚钱

蚀本:赔本。指做生意要赚钱,就得舍得投入本钱。

不会使用钱,买卖做不圆

指不懂得灵活应用资金的商人,买卖就不可能兴隆。

不将辛苦意,难得世间财

将:用、费。指不付出就得不到财富。

不劳动者不得食

指谓不付出劳动的就不会得到相应的回报。

不冷不热,五谷不结

只有气候有冷热变化,五谷才可以生长成熟。

不怕不卖钱,就怕货不全

指只要商品种类齐全,生意就肯定会兴旺。

不怕不识货,就怕货比货

不担心鉴别不出货物的好坏,只要把它们放在一起比较一下,就可以分辨出来。意谓人或物只有经过比较,才能鉴别出优劣差别来。

不怕该债的精穷,只怕讨债的英雄

指如果讨债的人逼得厉害,再穷的人也会被迫还债。

不怕奸，只怕难

指不怕欠债人滑奸，只怕实在贫困拿不出钱来。

不怕卖不了，就怕货不好

只要商品好，就不担心卖不出去。

不怕年灾，就怕连灾

指一年的灾害并不可怕，真正可怕的是常年的灾害。

不怕千招会，就怕一招独

掌握很多平常的技能、技术，还不如只精通一门独特的功夫。比喻贵精不贵多。

不怕歉一年，就怕连年歉

歉：歉年，收成不好。指一年的收成不好不可怕，可怕的是连续几年歉收。比喻坏事情最怕接连不断。

不怕人不请，就怕艺不精

只要自己的本领冒尖就不用发愁他人不找你帮忙。

不怕舌头不灵活，就怕手心无钢火

指人只要能掌握一门可以维持生计的技艺，即使嘴巴笨拙也没有关系。

不怕凶，只怕穷

古时认为欠债的人如果穷得叮当响，债主也就无计可施。

不蚀小本，求不来大利

蚀，指赔。指不赔些小本钱就很难赚到大钱。比喻不付出代价就不可能有大的收获。

不是撑船手，休来弄竹竿

不是撑船的能手就不要玩弄撑船的竹竿。比喻不精通那一行，就不要冒充内行。也意谓如果跟事情没有直接关系，就不要去瞎掺和。

不信神，不信鬼，全凭自己胳膊腿

说明做事要凭自己的本事，不要随便相信他人。

不义取财，如以身为沟壑

沟壑：坑，山沟。指用不正当的手段获取钱财，身上就有了污点。

不义之财不可发

指要用正当的手段去发家致富。

不义之财不可贪

指不要贪心来路不明的钱财。

不忧年俭，但忧廪空

不担心一年粮食歉收，担心的是粮仓空虚。意指贮存粮食十分重要。

C

财不露白

露白，这里指银钱显露在外。指钱财保管要严实，不能露在外面。多指出门时不要显露钱财，以防不测。

财从细起

说明财产积聚，都从细小之处着手。

财大气粗

意谓钱财多的人，说话硬气，常常气势压人。

财大气粗，艺高口狂

钱财多的人，常常气势逼人；技艺高的人，经常口出狂言。意谓人有钱有本领，说话、办事就口气大、胆子壮。

财动人心

钱财能打动人心。也说明钱财能打动人的思想或感情，使人改变初衷。

财多身弱

古时认为，财产多了，劳神费心，对健康有害，影响寿命。

财发精神长

指人有钱后，心情高兴，精神愉快。

财可通神

指钱财可感通神灵。喻指钱财功用非常大。

财命两相当

说明钱财和生命同等重要。

财去身安乐

古时候指丢失了钱财，便能换得平安快乐。

财上分明大丈夫

指在钱财问题上行为正派、光明磊落的人是真正的男子汉，也才称得上大丈夫。也指看一个人的肚量，就看对钱财处理上是不是大度，正直的人在钱财交往上总是清楚明白、光明正大。

财是福之苗，钱是人之胆

说明钱财是幸福的源泉，也能让人胆大气粗。

财压奴婢，艺压当行

当行，指同行。指凭借钱财能让奴婢低头，依靠高超的技艺可让同行折服。

财与命相连

古时认为财命通连，有钱的人命好，无钱的人命苦。

裁缝不落布，卖脱家主婆

裁缝如果不把裁剪后剩余的布料留下，穷得连自己的老婆都得卖掉。意谓裁缝赚钱本来就不多，如果不把裁剪后剩余的布留下就会亏本。

裁衣不及缎子价

缎子，这里指未裁剪的布料。指布料一经裁剪，就比不上原布料值钱。

残物不过半价

说明残损或陈旧的物品，卖出时价格不到原价的一半。比喻残缺之物不值钱。

仓廒府库，抹着便富

廒，指存放粮食的仓库。指只要一碰上粮仓钱库就会发财。古指掌管粮仓钱库的人容最易捞到油水。

槽头买马看母子

母子:这里指母马。指要买马驹,先在槽头看看母马如何。比喻要知闺女如何,得先看母亲的为人。

草膘料力水精神

喂草会让牲口长膘,喂料会让牲口体力强壮,喂水会让牲口有精神。

草锄不尽,终究是庄稼的害

草不锄干净,会影响庄稼的生长。意指做事不彻底,会留下后患。

草窝里饿不死睁眼的蛇

比喻家里再贫穷,只要努力劳作,也是能生活下去的。

草鞋没样,边打边像

编织草鞋的时候没有样鞋,只能边打边试,慢慢成形。指只要认真实践,就能够掌握新技能。

插柳莫叫春知

指插栽柳树的最好时机是在立春之前。

茬口不换,丰年变歉

茬口:指轮作作物的种类和轮作的次序。种庄稼要注意轮作,如果在同一块地连续多年耕种同一种作物,产量就会一年不如一年。

差人见钱,猫鼠同眠

差人:古时在衙门中当差的人。指差人见了钱,什么枉法的事都能做出来。

长袖善舞,多钱善贾

贾:做买卖。说明长长的水袖使舞姿更优美,雄厚的资金可使生意更容易做。比喻资金雄厚是从事商业的重要条件。也比喻有所凭借,事情容易成功。如今常以“长袖善舞”比喻会耍手段、善于钻营。

常赌无赢客

指经常赌博的人,是不会赢钱的。

常将有日思无日,莫待无时想有时

指富有时要常想着贫穷了该怎么过,不要等到真的贫穷了才后悔。多指有钱时要注意节约,花钱就会细水长流。

车不站险地

站:停留。指车马在危险的地方不宜停留。

车有车路,船有船路

指车在路上驶,船在水中行。比喻各人有各自的门路,或指各行其是、互不干涉。

称家丰俭不求余

称:根据。丰俭:借指贫富。指过日子要根据家庭的贫富,有钱多花点,没钱少花点,不求有盈余,只求过得去就行。

撑死胆大的,饿死胆小的

指胆大的人富有,胆小的人受穷。换句话说,胆大敢冒险的就能赚到钱,能发财;

胆小不敢冒险的就会受穷。

成大事者不惜小费

指要想办大事就不能心疼小钱。

成家之子,惜粪如金

指要创家立业的人,爱惜粪便就像爱惜金子一样。比喻只有节俭才能创家立业。

成家子,粪如宝;败家子,钱如草

意谓成家立业的人,把粪土当作宝贝一样珍惜;败家子则把钱财当作野草一样任意挥霍。

诚招天下客

说明只要诚心实意地为顾客着想,天下的顾客就会纷纷而来。比喻对顾客以诚相待,买卖就会兴隆。

城吃镇,镇吃乡,乡人吃到老荒庄

指粮食、蔬菜等生活用品,城市里的人从镇里的人那时得到,镇里的人从乡下的人那里得到,而乡下的人就只能依靠开垦荒地来生活。

吃不穷,穿不穷,打算不到死受穷

说明过日子应精打细算,有计划,如果不精打细算,日子就会穷困。

吃鸡蛋不吃鸡母

鸡母即指母鸡。指吃鸡蛋不可以吃母鸡。比喻只能花利息,不能连本钱也花掉。

吃酒红人面,财帛动人心

意思是喝了酒脸泛红,见了财物人心变动。也指财帛可收买人心。

吃哪行饭,说哪行话

意谓干什么行业,就会经常谈论那个行业的话题。

吃三年薄粥,买一头黄牛

意谓平时注意节省,长年累月,就能省出一大笔钱来,以便能添购房屋和生产工具。

吃一行怨一行

指从事某种行业时间久了,容易产生不满的情绪,想着要改行。

赤脚的陪不起穿鞋的

赤脚的:指劳苦大众。穿鞋的:指有权有钱的人。指没钱的人不能跟有钱的人共同做事。

赤脚人赶兔,著靴人吃肉

比喻穷人出力气,而富人却能享用财富。

重茬谷,守着哭

指在同一块地里连续种稻谷,产量就会逐年降低。

重阳湿漉漉,穰草千钱束

湿漉漉:形容下雨天。穰草:野草或秸秆,用于做饭生火。指重阳如果雨大,冬春雪雨就多,连一把干的生火柴都不容易找。

重阳无雨一冬晴

指重阳节这天如果没有雨,整个冬天也不会有雨雪。

抽头聚赌,犹如杀人放火

抽头:赌博时,从赢家的钱中按比例分份给赌场的主人。指抽头聚赌危害极大。

出处不如聚处

出处:指物品的产地。聚处:指物品聚集贸易的地方。说明物品在原产地比不上在集市上充足。也指去远处的产地购物,不如就近在市场上购买方便。

出家人安一口锅,也跟俗家差不多

指出家人也要吃穿,也需要钱。

出门不认货

指市场交易,钱货当面两清;货物售出后,商店便不再负责。

出门看天气,买卖看行情

行情:市面上商品的一般价格。指出门上路要注意气候变化,做生意要及时准确把握行情。

出气多,进气少

指病得非常厉害,只有出气,没有进气,快要断气了。形容病情危重,濒临死亡。比喻花销大,收入少,入不敷出的亏损局势,快要完蛋了。

出外做客,不要露白

白:指白银。意谓出门在外,应妥善保管好自己的财物。

初三初四蛾眉月

蛾眉:细弯的眉毛。指农历每月初三初四的月牙细而弯。

初三见月初四亮,初五初六放毫光

毫光:轻微的亮光。每月农历初三就能见到月亮,初四就变得亮堂了一些;到了初五、初六,月亮就能散出微弱的清光。

初三月下有横云,初四日里雨倾盆

初三新月之下意味着有黑云横截,预兆初四白天意味着有倾盆大雨。

初一一橹,初二一橹

比喻办事情拖泥带水。

初一扎针十五拔,强似挨门求人家

扎针:这里指妇女做针线活。说明靠自己劳动,即便干活不快,也比求别人强。

除夜犬不吠,新年无疫疠

除夜:指除夕之夜。疫疠:流行传染病。古时认为,除夕夜里狗不叫,过了新年之后就不会有疫病。

锄头三寸泽

泽:雨水。指锄尖上有三寸雨水。也指锄田可起到松土保墒的作用。

处家人情,非钱不行

处家:治家,指居家生活。人情:指人情来往。指居家生活总有人情往来需要花钱,没有钱就没法生活。比喻钱是生活中必不可少的。

处暑后十八盆汤

汤:这里指洗澡用的水。处暑节后,还可洗十八天的盆浴。指处暑虽然过去了,但气候还会热大约十八天左右。

触露不掐葵,日中不剪韭

葵:蔬菜名。有露水时不掐葵叶,中午晴天不割韭菜。指掐葵叶、割韭菜都要注意时辰,要不然就会影响它们的生长。

船不离舵,客不离货

客:指商贩。指商贩离不开货物,是因为客商与货物关系密切,就同船与舵一样不能分离。

船多不碍港,车多不碍路

指车船多了不一定妨碍交通。比喻人虽然很多,但大家都各执其事,相互并不妨碍。

船家不打过河钱

船家:古时靠驾驶自己的木船维持生计的人。指开渡船的船家不在渡过河后向客人收船费。也指渡河的客人应在上船后应主动付清船费。

船无水不行,事无钱不成

指没有钱是办不成事的。

床头黄金尽,壮士无颜色

手头没钱,壮士也会丢脸败兴。比喻物质财富可以撑腰壮胆。

床头千贯,不如日进分文

贯:古时的制钱,用绳子穿上,每一千个叫一贯。指只出不进,再多的钱也会花光;每天有固定的收入,虽然不多,但也能维持生计。

床头有箩谷,勿怕无人哭

箩谷:以竹箩盛谷米。指床头有用箩盛的谷,就不用担心死后没人来哭。比喻只要身边有财物,即使没有后代也会有人来伺候。

吹少捧老骂中年

意谓吹捧年少的,奉承年老的,咒骂中年的。这是算命人骗取钱财的一种惯用手段。

春不刮地不开,秋不刮籽不来

意思是春天没有东风的劲吹,土地就不能解冻;秋天西风不烈,庄稼就不会成熟。

春不种,秋不收

指春天不播种,秋天就不会收获。比喻没有投入就不会有收获。

春初早韭,秋末晚菘

菘:通常指白菜。指初春早生的韭菜和秋末晚生的白菜味道最佳。

春打六九头,穿吃不用愁

春:就是立春。六九:从冬至起第六个九日。古时认为立春日如果在六九的第一天,预示着这一年将会是丰收年。

春分分芍药，到老不开花

芍药：多年生草本植物，五月开花，根可入药。指春分时节分株栽种的芍药，到老也不会开花。也指春分时节不适合分株栽种芍药。

春耕加一寸，顶上一遍粪

意思是春天耕地，如果能够深耕，就好比上了一遍肥料，对农作物的生长有帮助。

春耕宜迟，秋耕宜早

说明春天要在土地解冻后再耕种；秋天要在土地封冻之前耕种。

春来一把籽，秋来一把镰

指春天来了，撒籽播种；秋天来了，用镰刀收割。比喻只要辛勤劳作就会有收获。

春灭一条虫，秋收万颗粮

春季灭虫最重要，能够促进粮食增产。

春牛如战马，催膘第一桩

指春牛如同战马一样重要，春天农活儿多，用牛也多，因此给牛催膘是头等大事。比喻喂牛在一年四季之中，春季催膘是非常重要的。

春天比粪堆，秋天比粮堆

只有春季多积肥，在秋天才会有好的收成。

春天后母面

后母：继母。指初春的天气就好比后母的脸色，喜怒无常，变化多端。

春天三冷三暖，人生三苦三乐

说明人生苦乐就如春天的气候一样变化无常。

春天误一晌，秋天误一场

晌：一天中的一段时间。春季农活耽误一晌时间，秋天就会耽误一场收成。指春季的时光是最宝贵的，耽误不得。

春为花博士，酒是色媒人

博士：指酒坊的侍者。说明春天能催使鲜花绽开，喝酒能诱使人生发色欲。

慈不掌兵，义不主财

指讲仁慈的人指挥不了军队，讲义气的人不能掌管钱财。

此地无朱砂，红土亦为贵

朱砂：矿物名，可入药。没有朱砂的地方，红土也是很宝贵的。意谓没有好的，较差的也成为宝贝了。

葱多不去皮，萝卜多了不洗泥

说明活儿多了就来不及仔细加工了。

寸丝为定

意谓订婚的信物，哪怕是一寸丝线，一旦交换，即为成约。

D

打赤脚不怕穿鞋的

指困难的百姓和有钱有势的人相争斗，不必担心损失什么。

打卦打卦,只会说话

说明靠算命打卦为生的人只会用花言巧语骗人钱财。

打耗子还得有个油纸捻儿

说明做任何事情都必须付出相应的代价。

打鱼人盼望个好天气,庄稼人盼望个好收成

意谓做任何事情都盼望有个好的结局。

大船打烂了还剩三千钉

比喻有钱人家即使败落,家底还是厚实。后来也用于比喻余威余力犹存。也比喻有威望的人即便没有了职位,也仍有一定的势力和影响。

大粪南瓜鸡粪椒,羊粪长出好棉花

说明对南瓜施肥适合用大粪,辣椒适合用鸡粪,棉花则适合用羊粪。

大富由命,小富由勤

古时认为大富大贵都是命中注定的,小康小富则是靠勤劳换来的。

大官不要钱,不如早归田;小官不索钱,儿女无姻缘

归田:弃官回乡种田。无姻缘:难以婚配。指古时大小官吏没有不贪财受贿的。也指当官的以权谋财、贪婪成性是一种普遍的现象。

大锅里有饭,小锅里好办

比喻国库有粮,百姓就不会饿肚子。

大海不禁漏卮

大海的水也禁不住一滴一滴的渗漏。比喻家里再富有,也经不起没有节制的浪费、挥霍。

大寒一场雪,来年好吃麦

大寒:二十四节气之一,在阳历 1 月 20 日或 21 日。指大寒这天降大雪,预示来年小麦丰收。

大河里有水小河里满

比喻只有国家富强,百姓才能过上好生活。

大河涨水小河满,锅里有了碗里就有

比喻大集体富有了,小集体或个人也就富有起来。

大人物不可一日无权,小百姓不可一日无钱

指大人物没有权力就无法施其威,小百姓没有钱就不能维持生活。

单身汉的钱多,讨了婆娘烧破锅

指单身汉的日子好过,一旦成家立业就得精打细算才可以过上好日子。

胆大的撑个死,胆小的饿个死

指胆大的人敢冒险能挣钱发大财,胆小的人思前想后,只能受穷挨饿。

胆小发不了大财

指胆小的人做事缩手缩脚,赚不了大钱。

但添一斗,不添一口

指只愿增加一斗米,不愿增加一口人。比喻宁可一次性多做一斗米的饭,也不愿意添加一个长期吃饭的人。

当地不当路，买地不买河

当：典卖。卖地，不能连路也卖掉；买地，不能连河也买回。指事物各有限定，不能任意取舍。

当面数清不恼人

指交割现钱时，要当面数清，否则就可能造成麻烦或误会。

道路难行钱作马，城池不克酒为兵

指事情办不成，多花钱就办成了；城池攻不下，多用酒色就攻下了。

稻多打出米来，人多讲出理来

指稻子多，出米自然就多，人多了，道理自然讲得清楚。

稻秀雨浇，麦秀风摇

秀：指稻麦扬花。指稻扬花时，宜雨忌风；麦扬花时，宜风忌雨。

得人钱财，与人消灾

指用了他人的钱财，就要为他人分忧解愁，消除祸患。

得一望十，得十望百

意谓人贪心不足，欲壑难填。

得智慧胜过得金子

指拥有知识和智慧，远比获得金银财宝重要。比喻金钱比不上智慧价值大。

地肥禾似树，土薄草如毛

指土地肥沃，庄稼就茂盛；土地瘠薄，草也长不旺。也指种好庄稼，地肥是关键。也比喻巩固政权，人民群众是基础。

地肥茄子嫩

指土地肥沃，茄子就能长嫩。比喻基础厚实，升华出来的形式就美。

地靠粪养，人靠饭长

指地没有粪长不好庄稼，人不吃饭维持不了生命。

店大欺客，客大欺店

指商店气势大，常常不把顾客当主顾；顾客财大势大，又经常随意摆布商店。

店家不打隔夜钱，船家不赊过河钱

指住店先要交店钱，过河先要交船钱。

钓大鱼离不了长竹竿

指要钓大鱼，就得有长的钓鱼竿。比喻要得到大利，就必须付出大本。

爹有弗如娘有，娘有弗如老婆有；老婆有还要开开口，弗如自有

比喻钱财方面，自己有比父母或妻子有更方便。也比喻要自食其力，依靠他人都是不牢靠的。

爹有娘有，不如自个有

指爹有钱，娘有钱，不如自己有钱用着方便。换句话说，自己手里掌握着钱才算真有钱。

丢了财，免了灾

古指人丢失了钱财，就可以免去灾难，换取平安。

丢了找不着，死了哭不活

指财物丢了，再找回来很难；人既然已经死了，再哭也哭不活了。这是安慰财物失主或亡人亲属的常用语句。

丢钱是买主，说话是闲人

指买卖场中，只有付了定金的才是买主，喋喋不休议论货物好坏、价钱高低的是与买卖没有关系的闲人。比喻说空话没用，重要的是要有实际行动。

东手来，西手去

这只手刚拿到的钱，那只手就已经用掉了。意谓没有积蓄乱花钱。

冬天麦盖三层被，来年枕着馒头睡

指冬天如果接连下三场好雪，第二年的麦子肯定丰收。也指冬雪对麦田的丰产与否有很大影响。

冬无雪，麦不结

指冬季无雪，来年的麦子就难望有正常的收成。

冬雪胜如宝

指冬雪对农作物生长十分有好处。

豆腐店做一朝，不及肉店一刀

一朝：一天。指豆腐店里卖一整天豆腐，也比不上肉店里卖一刀肉赚钱多。比喻不同行业得利厚薄差别很大。

豆芽不坏桶，是个挖钱孔

桶：指生豆芽的瓦罐。一斤豆子能生出七八斤豆芽，只要瓦罐好豆子不腐烂，是比较赚钱的。

赌钱场上无父子

指在赌博场上只认输赢，不顾父子情面。

多得不如现得

宁可少得，也要现钱。指拿现钱更可靠。

多里捞摸

意指要尽可能往数量多的方面努力。

多能多干多劳碌，不得浮生半日闲

意谓能干的人一生辛勤劳作，得不到一刻的安逸。

多求不如省费

多方寻求财源，不如压缩开支，减少浪费。

多算胜少算

计划、考虑得周全肯定比不周全要好。意指什么事应多多谋算。

E

儿多尽惜，财多尽要

指儿女再多也会个个都疼爱；钱财再多也还是能要就要。

儿时练功易,老来学艺难

指学习技艺要趁年轻,年纪大了就不容易学会了。

F

法律无灵,钱神作祟

作祟:作怪。指法律不灵验,是因为钱神在作怪。喻指官府受到重金贿赂,公理就会不复存在。

法能为买卖,官可做人情

指古时,国法可当做生意买卖,官职也可做人情来进行交易。

饭到口,钱到手

指钱在手边容易花掉。

房中有人,好管金银

指男人有了妻子,钱财家事就会有人掌管。

纺车头上出黄金

指勤劳纺织可以致富。

放了三年羊,给个县长都不当

指放羊工报酬丰厚,生活自由自在。

放鱼如放金

指放鱼苗就是放金钱。也指养鱼放足鱼苗,就会有大的收益。

肥冬瘦年

肥:丰盛。冬:冬至节。瘦:节俭。古时指冬至节的祭祀等仪式比逢年过节还庄重。

肥料是土地的宝贝,汗水是丰收的蜜汁

指土地最需要肥料,丰收离不开汗水。也指事业上的大成就全靠自己的辛勤劳作。

肥田不如瘦水

对庄稼而言,水比肥更重要。

分香莲,不论钱

指莲花开时,散发出浓郁的芬芳,相当诱人,用金钱是计算不出它的价值的。

粪大水勤,不用问人

指种田多上肥料、勤浇水,肯定会有大丰收。

粪大水勤,还得靠技术革新

农作物要高产光有水分、肥料还不够,还得依靠科学技术。

粪田胜如买田

指种地多施肥,就能多打粮,胜过花钱增置田地。也指种田多积肥非常重要。

丰年要当歉年过,有粮常想无粮时

指即使生活非常富裕,也要一切从俭。

丰年珠玉,俭年谷粟

丰指丰收年景,珠宝玉石吃香;遇到灾年,粮食最为宝贵。也指珠玉只是玩物,粮食和人命相关。

风吹鸭蛋壳,财去人安乐

指损失钱财,常常能换取人生的平安无事。

风里来,雨里去

在风雨中来来去去。意谓生活、工作辛苦。

封山不育林,等于白费神

封山:严禁在山地放牧、采伐、砍柴等。指只封山,不植树育林,封山也就没有任何意义。

逢春落雨到清明

春:立春日。指立春日落了雨,一直到清明日这段时间雨水就多。

父若做主事,金银自来至,车载与斗量,任凭公子使

主事:官名,自北魏至北洋军阀统治时期皆设主事官,每个朝代的权力大小不一样,清代为正六品官。古时指有一个有权势的父亲,就有享不完的福,花不完的钱。

富不丢猪

指即使富了,也不放弃养猪。告诉人们,养猪是发家致富的好门路,不能轻易丢掉。

富不露财

指人有了钱,不要让外人知道。

富不舍财

指人越有钱,越吝啬。

富不学奢而奢,贫不学俭而俭

指人有钱了,不用学习奢侈也会奢侈;人穷了,不用学习节俭也会节俭。比喻经济条件能限制人的生活行为。

富不与官斗

指富人不和官场的人争斗。比喻钱财斗不过权势。

富藏于地

指财富隐藏在土地中。比喻土地是个宝,能够使人变富有。

富从升合起,贫从不算来

升、合:容量单位。指富是从一升一合积攒而来的,贫穷是因为缺少精打细算。比喻过日子不能够忽略掉细微的开支。

富得快,跑买卖

指做买卖可很快致富。

富儿更替做

指富人是轮流更换去当的。喻指人不可能永远富贵。

富儿离不开穷汉，肥田离不开瘦水

指旧时富人离了穷汉就无法生存下去。

富贵本无根，尽从勤里得

指富贵不是固定给某个人的，谁勤劳谁就有机会得到。

富贵不归故乡，如衣锦夜行

指富贵不回家乡，就像穿着锦绣衣服走夜路一样，无人知晓。旧时认为富贵后应还乡夸耀。

富极是招灾本，财多是惹祸因

指过多地拥有财富，肯定会招灾惹祸。

富家一席酒，穷汉半年粮

比喻古时贫富相差悬殊，有钱人家生活奢侈挥霍，贫苦人家生活饥寒交迫。也比喻富人生活极为奢侈。

富家一盏灯，太仓一粒粟；贫家一盏灯，父子相聚哭

指旧时捐献花灯，对富人来讲无关紧要，但对穷人来说却十分困难。

富人报人以财，贫人报人以命

指富人用钱财报恩，穷人用性命报恩。比喻穷人一无所有，只能誓死以报。

富人的财，穷人的血

指富人的钱财，都是通过穷人的血汗换取来的。

富人过年，穷人过关

指古时富人常常在年节加紧时催租逼债，穷人过年就好比过关。

富人家日子好过，穷人家孩子好养

指富人有钱日子好过；穷人没钱，孩子就不会娇生惯养。

富日子好过，穷家难当

指居家过日子，有钱好过，无钱不好过。

富无根，贵无种

指富裕没有根系，权贵没有种系。比喻富贵不是自然产生的，事在人为。

富嫌千口少，贫恨一身多

指富人家有千口人还嫌少，穷人家自身一人还恨多。也指富可养众，贫难保身。

富向富，贫向贫，当官的向那有钱人

指富人偏向富人，穷人偏向穷人，权贵总是袒护有钱人。比喻解决问题，同类人总是有意或无意袒护着同类人。

富易交，贵易妻

易：改变。古时指有钱了，就会不认故交；显贵了，就要更换妻室。

富则盛，贫则病

指人有钱了，一切都兴旺起来；人穷了，就不免窘困交加。比喻金钱可左右人的命运。

富者怨之丛

指财富是怨恨的丛林。古时富人靠剥削穷人起家，积怨非常多。

G

干亲不如钱亲

干亲:没有血缘关系或婚姻关系的亲戚,此外泛指亲戚。古时指金钱重于亲戚。

干土打不成高墙,没钱盖不成瓦房

比喻没钱就办不成事。

敢开高价口,必有识货人

指货好不妨开个高价,因为肯定有识货的人。

高楼一席酒,穷汉半年粮

指古时有钱人家办一桌酒席的花费,比得上穷人半年的口粮。

隔行如隔山

指不同行业的人很难了解其他行业的专业知识。

耕问仆,织问婢

婢:婢女。指有关耕种之事要问仆人,有关纺织的事要问婢女。比喻做什么事都要请教行家。

工多出巧艺

只要肯下工夫,自然会练就精巧的技艺。

公人钱,僧人钞,与他再不辞,伸手只管要

古时指衙役与僧人对钱财非常贪婪。

狗咬挎篮的,贼抢有钱的

挎篮的:指乞丐。指狗咬乞讨的穷人,贼却要偷富人。

姑娘穷了有一嫁,婆家穷了无穿戴

指女孩子娘家穷,还可以嫁个有钱人家;婆家要是穷,日子才真正不好过。

官不贪财,兵不怕死

指当官的不贪图钱财,士兵才能不畏惧死亡。

官大福大势大,财粗腰粗气粗

指有了官职,就会有权势,就会有钱财,说话做事就会财大气粗,目中无人。

官儿的眼睛是黑的,打官司人的银子是白的

指旧时官吏只认钱财不认人。

官儿做得越大,心里越想要钱,话儿越说得好听,做出事来越难看

指古时官吏不但贪财,而且虚伪阴险。

官护富,穷无主

指旧时的官府维护有钱人的利益,无人给穷苦人撑腰做主。

官家财主一条心

古时的官府和有钱的财主相互勾结,串通一气。

官久自富

指旧时官吏任职时间长了,搜刮百姓钱财多了,自然会富起来。

官凭文引，私凭要约

文引：古时官吏上任用做凭证的文书。要约：旧时买卖房地产的契约。指无论做什么事都必须有一定的文字凭据。

官无大小，要钱一般

指旧时官员无论大小，都一样见钱面开。

官要响亮，钱来挡挡

古时当官的要想得到上司的提拔，就得用金钱去买通关系。

龟通海底

比喻旧时有钱人可以打通一切关节买通官府。

贵了贫，还穿三年绫

绫：丝织品。指富贵人家即便败落了，也还是比普通人家有钱。

贵买田地，积与子孙

指旧时买田地产，宁可多花点钱，这样留给后人才不会亏心。

贵人不用忙，自有黄金用斗量

古时认为财运命相连通，命好的人不用辛苦忙碌，自然会有钱。

贵易交，富易妻

意谓人一旦显贵就会忘记患难与共的旧交；钱一多就会抛弃结发之妻，另觅新欢。

跪地喂猪驰，看在钱面上

猪驰：母猪。指有些人为了钱财，什么下贱的事情也能做出来。

锅里有米，碗里有饭

锅里有了米，就不担心碗里没有饭。比喻只有国家或集体好了，个人才能好起来。

过了冬，长一针；过了年，长一线

冬：冬至，二十四节气之一，在 12 月 21、22 或 23 日，这一天我国白天最短，夜间最长。指过了冬至，白天时间一天比一天长；过了大年，白天时间更长。

H

寒钱休要赌

寒：微少。指手头钱太少，输不起，不能去赌博。

旱种塘，涝种坡，不旱不涝种沙窝

塘：低洼地。沙窝：沙地。种庄稼旱年塘地丰收，涝年坡地丰收，不旱不涝沙地丰收。

航船不载无钱客

指搭船就要交钱。也指过路必须付费。

豪门不打倒，穷人难翻身

豪门：有钱有势的家族。指必须打倒土豪劣绅，穷人才能翻身。

好处安身,苦处用钱

指出门在外,遇到好的、称心的地方就赶紧安顿下来,碰到要吃苦的地方就花钱解决。也指出门在外要学会适应环境,该花钱的地方就得花。

好赌者身贫无怨

指赌钱的人,一贫如洗也无动于衷。

好舵手会使八面风

比喻有能力的人善于充分利用各种有利条件。

好钢要使在刀刃上

比喻人力、财力、物力要用在最需要的地方。

好官不过多得钱

指旧时无官不贪,"好官"易高升,捞到的钱更多。

好过的年,难过的春

年:春节。春:春天。古时指穷人过了春节后便青黄不接,很难维持生计。

好汉不贪色,英雄不贪财

指英雄豪杰不受金钱美女诱惑。

好汉不挣有数钱

指有本事的男子汉,要挣就多挣大钱。

好汉无钱到处难

指即使英雄好汉无钱也处处为难。也指金钱不论什么人都不可缺少。

好伙计勤算账

指合作者即便相处得非常好,也得在经济账目上及时清算。

好货不便宜,便宜没好货

指好东西一般不会便宜,便宜的一般不是好东西。指质量与价格成正比。

好货不怕看,怕看没好货

指货物质量好,就不害怕人反复细看;害怕人仔细看的货物肯定有缺点。

好货不怕行家瞧

指质量高的货物,经得起内行人检查。

好借好还,再借不难

指借用别人的钱、物等及时奉还,下次再借就不难。

好借债,穷得快

指乐于借债的人,负债累累,必然很快就穷。劝诫人不要轻易借债。

好金出在沙子里,好肉出在骨头边

指金子是从沙子里淘出来的,好肉是从骨头上剔出来的。

好酒不怕巷子深

指只要人有真才实学,商品货真价实,就不怕别人不知道。

好男勿鞭春,好女勿看灯

鞭春:古时的习俗,立春当天,聚众用鞭把一纸牛打破,腹中食物等都散出来,人们哄抢,常常发生斗殴。看灯:阴历正月十五为灯节。指十五前后,家家门前挂灯,观灯者人流如潮,妇女们在其中易生是非。

好年盛景看腊月

意谓好年景的腊月,人们庆祝丰收,一片欢乐景象。

好女不怕看,真货不怕验

指质量好的商品经得住检验。

好亲眷,莫交财;交了财,断往来

说明亲戚间不在钱财上交往,关系就会始终保持亲密。

好物不贱,贱物不好

指好东西不会便宜,便宜的东西质量不一定好。换句话说,质量比较好的商品价格不菲,而太便宜的商品质量不会太好。

好账不如无

意谓虽没有债主追讨,但欠债总不如不欠为好。换句话说,即使别人不向自己催账,也不如不欠账好。

行大欺客

行:指商行。指大的商行经常欺压欺骗客户。

行家伸伸手,便知有没有

说明内行人只要和对方一接触,就能判断出对方的真假来。

喝酒喝厚了,赌钱赌薄了

指喝酒能加厚友情,赌钱能使人情变薄。

喝水不能忘了掘井人

说明享受的时候不要忘记创业者的辛苦。劝人们翻身之后不要忘本。

和气不蚀本

指做生意和气待人不会亏损。也泛指遇事多商量,总会有好报。

和气生财

指态度和蔼、待人有礼,就能多招来顾客,多赚钱。换句话说,做生意时对顾客和气,容易取得顾客的好感,招徕顾客,因此也就容易获利,这是商家信条。

和气致祥,乖气致戾

和气能招来祥瑞,不和则招来灾祸。

和尚见钱经也卖,瞎子见钱眼也开

指有的人为了钱财,什么事都干得出。

河里无鱼市上取

有钱就可以买到缺货。也指这里没有那里有,近处没有看远处。

荷锄候雨,不如决渚

荷:扛着。渚:蓄水处,指陂塘之类。扛着锄头等待下雨,不如拿它开掘沟渠,引水灌溉。

黑炭洗不白,金子染不黑

意思是人的本质是不可能有所改变的。

黑眼睛看见了白银子

意谓见钱眼开。

黑爪子挣钱不给白爪子使

比喻自己辛勤劳动得到的财富,不会轻易拱手相送给别人。

狠心做财主

意谓心狠手辣的人才能成为财主。

横财不富命穷人

横财:侥幸或采用不正当手段获得的钱财。古时认为命中注定贫穷的人,即使得了横财也不会富。

狐白之裘,非一狐之腋

狐白:指狐狸腋下的一块白色皮毛,非常贵重。一件高级的狐白皮衣是用许多狐狸腋下的皮毛缝制而成的。意谓积少才能成多。

湖广熟,天下足

湖广:古行省名,辖境历代有变,指今湖南、湖北、广东、广西一带。指湖广一带粮食丰收了,全国老百姓都会有饭吃。也就是说湖广是全国的产粮基地。

湖区出好谷,山区有好屋

湖区灌溉方便,稻谷长得好;山区木材丰富,房屋盖得好。

猢狲种树,弗了不住

指猢狲性情急躁,种树后常常挖根观察,树不死不肯停手。

葫芦开开才是瓢,种子下地才成苗

指只有脚踏实地地工作,才能取得实效。

花轿到宅,还要一只黄牛钱

指古时结婚花销大,即使娶亲到了门口还得花很多钱。

花钱消灾

旧指人耗去了钱财,能消灾免祸,换来平安。

化缘和尚大手脚

大手脚:指花钱大手大脚。指和尚化缘的钱来的容易,花费时也大方。泛指钱得来容易的,花时也就不知节约。

欢喜破财,不在心上

指人为了办喜事即使花掉一些钱,也不会记在心上。

还债容易还情难

指偿还金钱债容易,偿还人情债不容易。也指深厚的友情比金钱更珍贵。

荒年饿不死手艺人

有一技之长的人即使在灾荒年代,也饿不死。意指只要有手艺,处处都能凭本事吃饭。

荒山变林山,不愁吃和穿

指荒山植树造林,经济收入很高。

慌不择路，饥不择食

人在慌张急迫时来不及选择其他的道路，在饥饿时不会对食物挑三拣四。意谓需求紧急而不加选择。

皇帝的女儿不愁嫁

比喻紧俏商品不发愁出售。

黄金遍地走，单等有志人

意指有志向的人处处可获得财富。

黄金未为贵，安乐值钱多

比喻安定快乐的生活比富有更有价值。也比喻对一个人而言，具有安乐的生活比拥有黄金更重要。

黄金有价人无价，万金难买美多才

指人才为无价之宝，不能用金钱来衡量。

黄金置身贵，文章不疗饥

旧指有了金钱就有了荣华富贵，文才再高也顶不了饭吃。

会家不忙，忙家不会

会家：行家。行家解决问题时从容不迫、不慌不忙；而那些忙得不可开交的人肯定不是行家。

会家不难，难家不会

会家：行家。意谓难做的事情内行人不会感到艰难，在外行人手中却难得不知如何下手为好。

会嫁的嫁对头，不会嫁的嫁门楼

对头：这里指称心合意的男人。门楼：有钱有势人家的高门第。指嫁女儿得看女婿的人才，不要贪图男方的钱财。

婚姻论财，夷虏之道

夷虏：旧时对少数民族的蔑称。指在婚姻中贪图钱财，是愚昧不开化的表现。

火到猪头烂，钱到公事办

公事：此处指诉讼方面的事。古时指诉讼的事只要人情送到了，就好比火候到了猪头便煮烂了一样，绝对能办好。意思是火候到了，再难煮的猪头也会煮烂；钱买通了，再难办的公事也能办成。

货比三家不吃亏

意谓买东西时，多跑几家做个比较，就可以避免吃亏上当。

货到地头死

地头：这里指目的地。指货物运到目的地，只有及时卖出这一条路。比喻货物运到目的地，即使价格下跌，也得及时卖出，否则如果转运别的地方，就会造成更严重损失。

货好还得会吆喝

吆喝：大声叫卖。指货物的质量再好，也得做好宣传促销工作。

货卖当时

意谓货物应在畅销的时候赶紧售出。

货卖一张皮

指货物要注重包装。

货卖用家

指货物要卖给有需要的顾客。

货卖与识家

指货物要卖给识货的人,才能体现货物的价值。

货无大小,缺者便贵

指货物短缺时,价格就会上涨。比喻货物没有大小之分,紧缺时就会显得贵重。

货要卖当时

指货物应在畅销的时候及时卖出去。换句话说,货物要在大家都需要时出卖,不要耽误了时机而亏损。

货有高低三等价,客无远近一般看

指对顾客不应有远近之分,要平等对待。比喻货物虽然有很多的价格,售货者对顾客却不能有远近之分,而是要同等看待。

J

饥不择食,寒不择衣,慌不择路,贫不择妻

指人处在困境时,急于满足所需,来不及选择。

饥荒年饿不死手艺人

比喻只要掌握一种手工技术,即使遇上饥荒年景也饿不死。

饥时饭,渴时浆

指饥饿时有饭吃,口渴时有饮料喝。意谓在急需得到某物时能够得到满足。

饥时一粒,胜似饱时一斗

饥饿时得到一点食物,胜过饱食时有很多食物。意思是急需时得到一些小小的资助,远远胜过不需要时的大量资助。

饥者易为食,寒者易为衣

指人在饥寒交迫时对食物衣着等没有过高的要求。比喻需要迫切时,容易满足。

机器一响,黄金万两

比喻开办工厂能赚很多钱。

鸡蛋换盐,两不见钱

说明用鸡蛋换盐,以物易物,没用货币作中介物。也说明旧时农家生活清苦。

鸡多不下蛋,人多吃闲饭

指鸡多了,不好喂养,下蛋就不多;人多了,吃闲饭的人多,工作效率就会降低。

鸡是盐罐,猪是钱罐

养鸡下蛋可以换来盐吃,养猪可以卖钱花。说明养鸡、养猪是农民重要的经济来源。

积财千万,不如薄技在身

家有万贯,也会有坐吃山空的时候,远不如学会一门小技艺,能自食其力,经常有收入。

积谷防饥，养子防老

意思是积存粮食是为防备饥荒，养育儿女是为了老有所靠。

积金不如积德，克众不如济人

克众：亏损别人。济人：周济别人。指积攒钱财不如多做好事，亏待他人不如帮助他人。

计毒无过断粮

意谓没有比断绝粮草供给更狠毒的方法了。

家里无钱莫做官

古指没钱买不来官，即便买来也难保住。

家贫不办素食，匆冗不暇草书

指家境贫寒的人不置办素食待客，仓促的时候不要书写草书。也说明置办精美的素食比荤食还费钱，写草书比写楷书还费时间。

家贫犹自可，路贫愁煞人

说明在家没钱还好凑合，外出时没钱则寸步难行。也指外出时要多带些钱。

家破值万贯

意谓家庭破败了，家产也值不少钱。

家土换野土，一亩顶两亩

指家居院落里沤下的粪土施放到田地里，可以肥田增产。

家无千百万，莫想优拔看

优拔：即优贡和拔贡，是清代贡生中的两种，每三年从生员中选拔。指不用大量的钱财向主持选拔的官员送礼，就不可能当上优贡拔贡。也泛指古时官场腐败，到处卖官鬻爵。

家无生活计，不怕斗量金

指一户人家如果没有谋生的长远打算，即便存有大量的黄金也维持不了多久。也指没有谋生的手段，家中只出不进，再有钱也不能维持长久。告诫人们，过日子要有计划，要劳作，要自谋生计，不能吃老本，坐吃山空，否则将一无所有。

家无滞货不发

滞货，指囤积的货物。说明家中没有囤积的货物就不会发大财。也指贱时买进，贵时卖出，往往能使人暴富。

家有敝帚，享之千金

把家里的一把破扫帚，当成值千金的宝贝供奉起来。意指对自己偏好的东西，看得格外珍贵，不容易发现其短处。也用指人都很难看清楚自己短处。

家有常业，虽饥不饿；国有常法，虽危不亡

说明一个家庭有固定的产业，即便遇到饥荒也不会挨饿；一个国家有健全稳定的法治，即使遇到危难也不会灭亡。

家有黄金，外有斗秤

指一家的光景什么样，邻居最了解。也指一户人家中有多少财产，外人特别是邻居，心中都有数，基本上都能估计个差不多。

家有黄金千万两,堂前无子总徒劳

古时认为指积攒财富再多,没有儿子继承,也没用。

家有千金,不如日进分文

家有千金财富,也不如每天有微量的收入好。意指如果平常没有收入,即便有很多财产也会坐吃山空。

家有千金,不如日进分文;良田万顷,不如薄艺随身

意谓钱财、产业再多,也不如掌握一门手艺,每日有固定收入为好。

家有千棵柳,不用满山走

指有很多柳树,枯枝也够烧柴用,不需要再到山里去砍柴。也指种树多,受益就多。

家有千口,主事一人

指家里的人口再多,也只能有一个人当家。

家有千顷,不如薄技在身

指家有千顷土地,也不如自己有一门好手艺。意谓掌握一门技能比有多少土地都要好。

家有千万,小处不可不算

指家中非常富裕,但小处也要盘算。换句话说,家有万贯财富,也要精打细算,有计划地花费,即使是小的地方也不可浪费。

家有十只兔,不缺油盐醋

意指家里养上十来只兔,就可供油盐酱醋等开支。也说明养兔是农家一项不可忽视的经济收入。

家有万贯,不如出个硬汉

有万贯家产,也比不上有一个能顶门立户的男子汉好。

家有万贯,吃穿领先

指人发财了,首先会提高自己的生活水平。

家有万贯,顶不住一座破窑烂店

说明家里再有钱,也不如有一座破烂的煤窑或店铺。也说明经营工商业利润很高。

家有万贯,还有个一时不便

意谓家里再富有,也会有一时拿不出现钱的时候。

家有万千,小处不可不算

说明家里再富有,细小处也要精打细算。

家有万石粮,不如生个好儿郎

指家业再大,也不如有个好后代好。

家有万石粮,挥霍不久长

即使家业很厚实,也经不住奢侈浪费。

家有一园茶,累得子孙似狗爬

指种植茶园非常辛苦。

家中打车,外面合辙

辙:路上的车轮印。在家中造车,两轮间的距离要同外面路上的辙印相一致。通常比作人的言行要符合社会公理。

家中有金银,隔壁有戥秤

戥:即戥子,一种测定金银、药物等贵重物品的小秤。指家中的财富有多少,瞒不过邻里的人。

家中有粮,人心不慌;手中有钱,万事好办

家里储备有粮食,遇到灾年就不会心里发慌;手里有钱,办起事来就会方便很多。

家中有无宝,但看门前草

一户人家,只要看看他门前有无杂草丛生,就知道勤快不勤快,也就可判断出这家人富裕不富裕。

价出口,货出手

指市场买卖,买方说定了价,卖方交出了货,就达到成交,不能反悔。

价高招远客

意谓只要价格出得高,店主会送来货物,也能招揽远方的卖客。

价钱便宜无好货

便宜:价钱低。指便宜的东西质量不好。换句话说,不要贪图便宜,价钱低的商品,常常质量上会有问题。

价一不择主

指双方商定了价格之后,卖主就不能再反悔,把货卖给别人。

驾船不离码头,种田不离田头

说明人不愿离开自己从业的地方。

奸商、奸商,无商不奸

商人都是唯利是图、坑蒙顾客致富的,这是古时观点。

肩不能挑担,手不能提篮

意指不会干体力活或没有什么本事的人。

俭是聚宝盆,勤是摇钱树

说明勤俭能兴家致富。

见大头不捉三分罪

大头:即冤大头,被人捉弄白花钱财的人。指碰上能捉弄白花钱财的人,不要放过。

见苗就有三分收

农作物只要保住苗,至少就有三成收获。

见贫休笑富休夸,谁是常贫久富家

指贫富不是固定不变的,不要笑贫夸富。

贱里买来贱里卖,容易得来容易舍

说明便宜买来的东西就会便宜卖出,容易得来的东西也就容易舍去。换句话说,容易得到的东西,就不知道珍惜。

将本图利

做生意投入本金,是为了获取利润。

将钱买田,不如穷汉晏眠

指拿钱去买地,还不如没钱的穷汉子去睡懒觉。古时土地赋税重,买地不划算。

交够征购粮,成了自在王

老百姓交纳完公粮以后,就可以自由自在,安心过日子。

交通在屠沽

交通:指沟通。屠沽:指卖肉卖酒的。指卖肉卖酒的朋友多。

交易不成仁义在

指生意虽然没有成交,但不要伤害双方感情。这是生意中的通行语。

揭债要忍,还债要狠

指向人借债时要忍,能不借就不借;还债时要痛快一点,能还就尽快还清。

令不饶人

节令:一年二十四个节气的气候和物候。饶:宽容。指节令不会宽容不依据节气从事农业活动的人。也指农业生产不可以违背自然规律。

节约油,油满罐;节约钱,钱成串

指节约可以积少成多,渐渐地富裕起来。

借给是人情,不借是本分

指向别人借钱物时,如果借给你,说明人家重交情;如果不借,也是正常的,没必要埋怨。

借债还债,窟窿常在

指借了钱去还旧债,所欠的债永远都还不清。也指借新债还旧债,永远都欠债。告诫人们,要量入为出,尽量少欠债。

借债容易还债难

劝告人们不要轻易借钱。

金盆虽破值钱宝,分两不曾短半分

分两:一分一两,指分量。指金子铸造的盆,虽然破了但还是值钱的宝贝,它的分量一点也没变。比喻品行高尚的人虽然一时失势,但仍受大家的崇敬。

金钱粪黄土,医德值万金

意谓医者要重视职业道德而轻视钱财。

金钱难买命,王法不饶人

指国法无情,人命关天,不可以用金钱通融。

金钱能使鬼推磨

古时认为金钱是万能的。

金钱是个宝,缺它好不了

金钱很重要,生活中没有钱不行。

金银不过手

凡过手金钱,不能随意放过去。

金银不露白

藏有金银财宝不可显露出来。也泛指珍贵的东西不要对外人张扬,以防止有人起心。

金银财宝,身外之物

说明金钱财物,是身外之物,生不带来,死不带去,不可看得太重。

金银压死人

指钱财太多了反会成为人的负担。

金玉有余,买镇宅书

镇:镇守。说明有钱人家钱多得花不了,就买书摆在家里装点门面,冒充有文化。

金子终得金子换

意谓贵重的东西必须得用同样贵重的东西来换取。

紧细的庄稼,耍耍的买卖

种庄稼越及时越细致越好,做生意却不能过于着急。

尽听拉拉蛄叫,别种庄稼了

拉拉蛄:即蝼蛄,昆虫,昼伏夜出,吃农作物的嫩茎。指不能因为有拉拉蛄这些害虫就不种庄稼。比喻不能因为听到别人说闲话,就不做事了。

近家无瘦地,遥田不富人

指离家近的田地,便于施肥,荒地也可以变为好地;离家远的地,不方便施肥管理,地里长不出好庄稼。

进了赌博场,不认亲爹娘

意谓赌博场上认钱不认人。

京官不如外放

指古时在京城做官的不如做地方官的人搜刮的钱财多。

经手不穷

意思是替人管钱能从中得到好处。

荆人不贵玉,蛟人不贵珠

荆人:指春秋时期楚人卞和,该人善于治玉。蛟人:传说居于海底的人。指善治玉的卞和不认为玉可贵,常在海底的人认为珍珠一般。也指出产什么,什么就不珍贵。比喻人不珍惜自己所处的有利地位。也比喻生长在富贵之家,不一定会感觉到享受富贵的快乐,即生不知福。

惊蛰闻雷米似泥

米似泥:指米多得如同泥一样不值钱。说明惊蛰日打雷,当年一定丰收。

镜愈磨愈亮,泉越汲越清

汲:从下往上打水。磨:古时以铜作镜,所以需要经常磨。比喻技艺越练越纯熟。

九九八十一,家家做饭坡里吃

九九八十一,指自冬至起每九天为一“九”,前后共八十一天。指节令过了九九,春耕大忙,农民在地里吃饭。

九里风，伏里雨

九：指冬至后的八十一天。伏：伏天，指我国夏季最热的时期。指数九天风多，第二年夏天伏里雨就多。

九日雨，米成脯

脯：干肉。米成脯：米像干肉一样值钱。俗指重阳节那天下雨，整个冬春雨多，收成不好，稻米贵得像肉脯一样。

九月九，蚊虫叮石臼

九月九：即重阳节，阴历九月初九日。叮石臼：连石臼也敢叮。指秋后的蚊子嘴巴很厉害，叮得人受不了。

久看成行家

说明见得多了，就会成为行业里的能手。

聚者易散，散者难聚

意谓把积攒起来的钱财花掉很容易，把零星的钱财积攒起来却很难。

绝技不传人

技艺是重要的谋生方法，不能轻易传给别人。

君子爱财，取之有道

说明有道德的人通过正当手段获取钱财。

君子周急不周富

意谓君子救济有急难的人，而不巴结有钱的人。

骏马能历险，耕田不如牛

指骏马能经历千难万险，但如果用它拉犁耕田却比不上牛好使。比喻人各有所长各有所短，需扬长避短。

K

开店的不怕大肚汉

开饭店的不担心顾客吃得多。意思是勇于承担责任。

开店容易守店难

指店铺开张容易，把生意做好则很难。形容创业容易，守业却非常难。

开过药铺打过铁，百样生意只好歇

古时开药铺和打铁是最赚钱的生意，其他的生意都比不上。

开买卖不养张嘴货

说明开店做买卖不能养活闲杂人员。

砍柴容易下山难

说明上山砍柴容易，担柴下山却很费劲。

砍柴上山，捉鸟上树

形容想要得到什么，就必须想尽办法去努力。

砍的不如镟的圆

镟：用车子转着圈地削。镟出来的木料要比砍出来的圆。指使用不同的方法会得到不同的结果。

看人看穿戴，生意看招牌

指看人首先要看他的穿戴，做买卖首先要看商标招牌。

看人挑担不费力，自己挑担重千斤

觉得别人劳动好像很轻松，自己做过了才了解相当辛苦。

看山吃山，看水吃水

看山的就靠山吃饭，看水的就靠水吃饭。比喻干什么就以什么为生计。

糠壳不肥田，到底能松个脚

指糠壳虽然不能使土地肥沃，但能使土地松软。比喻少量的钱财虽然处理不了大问题，但也能使困难有所缓和。

炕烧暖了，被窝儿自然热

炕：北方人用土坯或砖砌成的睡觉用的长方台，与烟囱相连接，冬天可烧火取暖。指炕烧热了，炕上的被窝也就热了。比喻人有了钱，腰杆自然也就挺直了。

靠山吃山，靠水吃水

比喻人适应环境，取环境之利而生存。

靠山吃山要养山，造林成林要护林

山区的人依靠山区的物产而生存，同时也要注意保护好山林。

靠着大河有水吃，靠着大树有柴烧

古时认为依靠有权势的人，就可以得到好处。

靠着蜜罐子，哪能不沾蜜

形容投靠有钱财的人，总能得到好处。

可着头做帽子

根据头的大小做帽子。比喻日子过得紧巴巴的。比喻要根据家庭经济的实际情况决定日常消费。

刻薄不赚钱，忠厚不折本

为人忠厚老实不吃亏。也形容做买卖，如果对人苛刻刁钻，并不一定能赚到钱，如果忠厚、实在，就不会亏本。

刻薄成家，理无久享

说明靠刻薄待人聚敛成的家产，肯定不会长久地享用。意在告诫人们，要靠勤劳致富，不义之财不可取。

客不离货，财不露白

意谓外出做买卖的客商，随时随地都要把货物带在身边，钱财不要轻易让人看见，以防不测。

客大欺行，行大欺客

行：商行。指客商与商行之间的生意往来，经常是以强凌弱，以大欺小的。

客大压店，店大压客

古时店家和顾客之间，总是不能真诚对待、平等共处。

客多店主欢

客人来得多，效益好，店主也高兴。

空花不结实，空话不成事

说明说空话如同开空花一样，无济于事。

空话一场，五谷不长

指光说不干，庄稼不会生长，什么收获也没有。

空手打空拳

意谓手中无钱无物，不易办成事。

库里有粮心不慌，手里有钱喜洋洋

意指生活富裕了，日子好得过，心情自然就会舒畅。

L

腊月水土贵三分

指古时到了腊月年关的时候，包括水土在内的一切东西都会涨价。

腊月有三白，猪狗也吃麦

三白：指多次下雪。指农历十二月多下几场大雪，有利于来年小麦丰收。

来时容易去时快

说明钱财来得容易，花得也快。

来有来源，去有去路

意谓治水要理顺水源，疏通水道，使水流畅通。也常用来指事物来来去去有秩序，才能安然无事。

懒妇思正月，馋妇思寒食

寒食：节名，清明节的前一天。指懒惰的女人想过闲散的正月，嘴馋的女人想过食物丰富的寒食节。

懒汉种荞麦，懒妇种绿豆

意指种荞麦不必精耕细作，种绿豆不用多施肥。

懒驴上磨屎尿多

懒惰的牛马总是借拉屎撒尿的名义消耗时间。比喻人想偷懒时总是找一些借口。

郎多好种田

郎：指青年男子。青年男子多了，劳力就多，劳力多了好耕田。

老儿不发狠，婆儿没布裙

丈夫不努力挣钱，妻子连布裙也穿不上。

冷在三九，热在三伏

三九：冬至节后第三个九天。三伏：夏至节后分头伏、二伏、三伏。指一年四季中，三九天最冷，三伏天最热。

力大压百艺

指力气大胜过其他的特长。

力能胜贫,谨能胜祸

说明只要勤劳、朴实,肯出力,就一定能战胜贫穷;谨慎行事,可以避免灾祸。

力气是奴才,使了又回来

指人的力气是用不尽使不完的。

力生于速,巧生于技

力量是在快速运动中产生的,技巧是在熟练操作中锻炼出来的。

立春日暖,冻杀百鸟卵

立春:二十四节气之一,在阳历2月3、4日或5日。指立春这天天气暖和,意味着冬天一定很冷。

立秋十八暴

立秋:二十四节气之一,在阳历8月7、8或9日。暴:通"曝",日晒。指南方立秋那天宜晴,如下雨必有秋霜。

立夏不下,田家莫耙

立夏:二十四个节气之一,在阳历5月5、6或7日,标志着夏季开始。耙:用耙。指立夏那天如果不下雨,意味着天气将干旱,农民不用平田整地。

立夏鹅毛住

指立夏以后,北方一般不再刮大风。

利之所在,无所不趋

指只要是有利可图的地方,人们总是要设法进行投入。

良田不如良佃

佃:指耕种田地。土地好不如深耕细作好。

良田千顷,不如薄艺随身

艺:技艺。指家产再多,也比不上熟悉一门技艺,经常有收入好。

良田万顷,日食一升;广厦千间,夜眠七尺

七尺:指人的身躯。指一个人的日常生活所耗是有限的,财富多了也难以尽其所用。

良医之门病人多

医术高明的医生,会有很多人来看病。比喻盛德君子不拒绝和思想行为低劣的人进行接触。

两春夹一冬,无被暖烘烘

两春:立春和春分两个节气。指立冬在岁末,预示冬天天气暖和。

两个肩膀扛着一张嘴

意谓非常穷苦,一无所有。

两手难捉两条鱼

指一个人不可能同时做很多事情。

猎狗的鼻子药农的眼

猎狗的鼻子最灵敏,药农的眼睛最明亮。

猎人进山只见禽兽,药农进山只见草药

指做什么事情就会对与之有关的事情很敏感。

林中不卖薪，湖上不鬻鱼

鬻：卖。树林里不卖柴火，湖水旁不卖鱼虾。指东西一旦多了，大家便不觉得稀罕。

林中多疾风，富贵多谀言

意思是就如山林中常常刮大风一样，富贵的人往往听到奉承的话。

临财毋苟得，临难毋苟免

苟：苟且，随便。面对钱财不要随便占为己有，面对危险的情况不要苟且偷安。

流多少汗水，收多少粮食

指人付出多少劳动，就收获多少粮食。也泛指人们在生产、生活中，投入多少，就收获多少。

六、腊月，不过河

六：农历六月。腊月：农历十二月。农历六月天气酷热，十二月天气严寒。指大热大寒天不宜过黄河，以免发生危险。

六九五十四，乘凉不入寺

指夏至后五十四天，过了立秋之后，天气变凉。

六九五十四，贫儿争意气

指冬至后五十四天，到了雨水节气，天气转暖。

六腊不交兵

六腊：农历六月、腊月。农历六月天气非常热，腊月天气特别寒冷。古时指大热天和大冷天不适宜打仗，以免双方损失太大。

六月不热，五谷不结

指农历六月气温不高，五谷就不能成熟结籽。

六月初三打个黄昏阵，上昼耘稻下昼困

黄昏阵：黄昏时的雷阵雨。上昼：上午。下昼：下午。困：即睡觉。古时的习俗认为，农历六月初三天晴，预示有旱灾；如果这天黄昏时有雨，则会经常有雨，田禾容易生长，农民可以适当的休息。

六月初三晴，山筱尽枯零；六月初三一阵雨，夜夜风潮到立秋

立秋：二十四节气之一，在阳历 8 月 9 日。农历六月初三晴天，预兆少雨干旱；六月初三下一阵雨，预兆夜夜有风潮直到立秋。

六月的日头，后娘的拳头，媒人的舌头

指农历六月的太阳晒得最厉害，后娘打不是自己生的孩子出手最狠，媒婆的话最能骗人。

六月的太阳三九的风，蝎子的尾巴女人的心

三九：一般指冬至后第三个九天。指农历六月天的太阳最热，三九天刮的风最冷；蝎子的尾巴最毒，女人的心最狠。这是旧时歧视妇女的说法。

六月盖夹被，田里无张屁

指农历六月若连续出现低温天气，庄稼就不会有好收成。

六月六，看谷秀

秀：植物抽穗开花。指农历六月上旬就能看到谷子抽穗开花。

六月六，猫儿狗儿同洗浴

古时习俗认为，农历六月初六给猫狗洗澡，可以防止其生虫虱。

六月六，晒得鸡蛋熟

指农历六月初六，正值大暑高温时节。

六月无蝇，新旧相登

登：丰登。古时指农历六月没有苍蝇，新谷旧谷价格就会平稳。

六月有迷雾，要雨直到白露

白露：二十四节气之一，在阳历9月7、8或9日。旧时认为，六月里下雾，预示天气一直要旱到白露以后才下雨。

六月债，还得快

古时农民借钱，一般在秋后归还。农历六月里借了钱很快就能还上。常比喻报应、回报来得快。

鲁班虽巧，量力而行

鲁班：春秋时建筑巧匠。鲁班手艺虽然高，但也有他做不出的东西。比喻再有能力的人，也有他的局限性。

路通百业兴

指交通一旦方便，各行各业都可以兴旺发达起来。

萝卜花了肉价钱

比喻用高昂的价格买了便宜的东西。

萝卜快了不洗泥

快：快速销售。比喻抢手货不考虑质量，也有人买。

落水要命，上岸要钱

指人生命危险时会争着保命，保住命后又会争着要钱财。

M

麻耘地，豆耘花

耘：除草。指种麻类要在苗初长时立即除草，豆类在开花时除草也不晚。

马达一响，黄金万两

马达：电动机的通称，此处指汽车发动机。指用汽车跑运输，可以赚很多钱。

马无夜草不肥，人不得外财不富

夜草：夜间添的草料。外财：分外之财。旧时认为人不得外财就富不起来，就像马不吃夜草，就不长膘一样。

马有四蹄行千里，人有双手创奇迹

马的四蹄能奔跑千里，人的两手能创造奇迹。意指只要人们辛勤劳动，就能有收获，就可以建功立业。

买便宜是上当的后门

指价钱便宜的东西一定不是好货。

买不来有钱在，卖不出有货在

指买卖是否成交对买方、卖方都没有妨碍。比喻事情成功与否，没什么大不了的，不用忧虑。

买金须问识金家

意谓做事情应向行家请教。

买静求安

意谓宁可吃亏，以求得平安无事。

买来的马，娶来的妻，愿打就打，愿骑就骑

旧时认为娶来的妻子像买来的马一样，想怎么欺侮就怎么欺侮。

买马也需籴料

索：该要。籴：买进。指买了马也得买喂马的草料。又指娶了妻就得想办法养活她。

买卖不成交情在

指买卖虽没有做成，但双方的交情还在。

买卖成交一句话

指做生意得讲诚信。

买卖搅庄户，日子必定富

指做生意又兼种庄稼，生活必定能富裕起来。

买卖看行情，早晚价不同

指做生意要随时把握市场行情的变化情况。也比喻做事必须及时了解情况。

买卖买卖，和气生财

指做生意的人对待顾客态度要和气，这样才能招徕顾客，使生意兴隆，获得好的效益。

买卖买卖，两头情愿

指做买卖得出于双方自愿。

买田不买粮，嫁女不嫁娘

粮：钱粮，古时指田赋。指买田地时不可以把钱粮也一起买下，嫁女儿不可以把母亲也陪嫁出去。

买王得羊，不失所望

王：东晋著名书法家王献之，字子敬，王羲之第七个儿子。羊：南朝宋书法家羊欣，字敬元，字学王献之，长于隶书，深受献之器重。指想买王献之的字，却买得了羊欣的字，也不使人失望。这是因为羊欣深得王献之的书法精髓。

买主买主，衣食父母

顾客就如同给生意人穿衣吃饭的父母。指做生意的离开顾客就没有收益。

麦锄三遍面满斗

麦田要多锄，这样能疏松土壤，清除杂草，有利于麦苗生长，小麦就会丰收。

麦盖三层被，头枕馒头睡

指冬天下了大雪，预示着第二年的小麦丰收。

麦盖三床被,守着馒头睡

被:棉被,比喻厚雪。指冬天下的雪多,预兆来年小麦丰收。

麦过芒种根自死

芒种:二十四节气之一,在阳历6月5、6或7日。指麦子过了芒种就不会生长了。

麦过人,不入口

指麦子长得过高,刮风下雨容易倒伏,收成便不好。

麦黄梢,累断腰

麦子收获的季节,农民最忙最累。

麦苗不丢寸

指麦苗的株距不能超一寸。也指种麦子宜稠不宜稀。

麦怕胎里旱

小麦在发芽的时期,最怕缺少雨水。

麦是胎里富,底肥要上够

指小麦下种前上足底肥,才能获得好的收成。

麦收八、十、三场雨

指在华北地区农历八月、十月和来年三月的雨水非常有利于小麦的丰收。

麦收地干,来秋地湿

指华北地区麦收时节降雨量少,则第二年秋雨就多。

麦收短秆,豆打长秸

秆:麦秆儿。秸:豆秸。指矮秆的麦子和长秸的豆子产量高。

麦收就怕连阴雨

如果麦收时遇上连阴雨天,麦子就会发芽变坏。

麦收三月雨

指春天雨水多,麦子就丰收。

麦收一条沟,稻收一条埂

指麦子要注重田沟种,稻田要注重埂植。

麦收最怕剃头风

指麦收时如果刮大风,就会造成严重减产。

麦熟一晌

晌:一天以内的一段时间,白天分三晌。指小麦到一定的时候成熟很快,夏收时天气千变万化,如不及时收割,就会造成减产。

麦穗发了黄,秀女儿也出房

指小麦快成熟时,天气变化多端,要赶紧抢收,连平时不经常出门的闺女也得下地。

麦旺四月雨

指农历四月正是麦子抽穗拔节季节,雨水充足,才能生长旺盛,籽粒饱满。

麦芽儿发,耩棉花

耩:用耧车播种或用粪耧施肥。指小麦返青时是播种棉花的季节。

麦要好,茬要倒

倒茬:也叫轮作,在同一块土地上不能连续栽种同一种作物。麦田轮作能够改善土壤肥力,充分利用土壤的养分和水分,能够避免或减轻病虫害。

麦宜稠,谷宜稀

指麦子种植时宜稠密,谷子种植时宜稀疏。

麦种三年,不选要变

指麦子如果连续三年不选换优种,就会导致退化减产。

麦子不分股,不如土里捂

指华北地区秋季种小麦迟了,就不如更晚些日子播种,使种子在土里当年不出苗,第二年春天出苗。

麦子怀肚肚,里面套豆豆

指麦子地里套种上豆子,可以充分利用地力和阳光,以提高产量。

麦子上场,小孩儿没娘

指麦收季节,天气多变,妇女也都要下地收割、碾打麦子。

麦子胎里富,种子六成收

指小麦发芽时期需要雨水,而精选优良品种则是小麦增产的关键所在。

卖饭的不怕大肚汉

指顾客饭量大,开饭店的才能多赚钱。

卖饭的不怕大肚子汉,卖酒的不怕海量

开饭店的不怕客人饭量大,开酒店的不怕客人有海量。

卖瓜的说瓜甜,卖醋的讲醋酸

指做生意时没有人说自己的东西不好。

卖金须是买金人

比喻宝物要卖给识货的或有需要的人。

卖金须向识金家

指卖金子要面向认识金子的人。比喻好东西要卖给识货的人。

卖油娘子水梳头

指卖油人的娘子,舍不得用油梳头,只用水来润润头发。比喻自己的东西却舍不得用。

卖油娘子水梳头,卖肉儿郎啃骨头

指做小本生意的人,舍不得享用自己所经营的东西。

瞒天讨价,就地还钱

瞒天:漫天或欺瞒,形容无限度。指做生意时卖方总是为了欺瞒买方开价很高,买主却还一个较低的价格。

慢工出细活

原指工匠精雕细刻才能制出精致的产品。也指做事要循序渐进,不要急于求成。

漫天要价,就地还钱

漫天:形容非常高。就地:形容非常低。指卖主无限制地要高价,买主却把价钱还得很低。也指做生意的双方讨价还价有悬殊。

忙不择价

指做买卖时双方急于求成，顾不上讨价还价。

芒种端午前，处处有荒田

芒种：二十四节气之一，在阳历6月5、6或7日，在端午节前后，此时黄梅多雨，农家忙于夏收夏种。古时认为芒种在端午节之前，有碍于秧苗生长发育，农作物收成不好。

芒种糜子乱种谷

糜子：也叫穄子。指芒种时就要种糜子，种谷子的时间可以随意，从谷雨到小满之间都可种谷子。

芒种前后，背夫逃走

背：躲避，瞒着。指芒种前后，妻子背着丈夫逃走，丈夫也不晓得。也指芒种时节，天气已热，人容易发困。

芒种雨，百姓苦

指时下雨预示着有涝灾，农业将减产，百姓将受苦。

芒种之日见麦茬

麦茬：麦子收割后留在地里的茎根。指芒种时农家开始收割麦子。

盲人有竹，哑巴有手

指不同的人遇到困难时，可以采取不同的方法加以克服，达到想要的目的。

茂木丰草，有时而落

茂盛的树木和丰美的青草到了一定的季节也会凋落。意谓兴旺发达的人也会有背时衰败的时候。

没本钱买卖，赚起赔不起

指做买卖缺乏充足的资金时，必须成功不允许失败。

没本钱做不成买卖

指做买卖要有本钱。泛指无钱什么事情都办不成。

没那金刚钻，不敢揽瓷器活

金刚钻：用金刚石做钻头的钻子，修补瓷器时用它来钻眼儿。比喻没有某方面的条件或能力，就不会承揽某事。

没钱低三辈

古时指以贫富来衡量身份的高低。

没钱说话如放屁，有钱说话屁也香

指有了钱说话就有人听，事情就好办。

没有不开张的油盐店

指油盐为日常生活必需品，总有人来买。也指生意既然已经开张，自然会有识货的顾客来。也劝告人办事不要急性子。

没有打虎艺，不敢上山冈；没有擒龙手，不敢下海洋

比喻没有高超的本事，就不敢冒着危险去闯荡，不敢去做有风险的事情。

每日省一钱,三年并一千

指积少可以成多,勤俭可以致富。

美产年年有,不入一人手;有土自有财,悖入财不久

悖:违背道理。指年年都有好收成,但不属于一家一户;只要有了土地,又肯劳动,自然有钱花,用不正当手段获取的钱财不会长久。也指人应该通过正当手段获取财物。

昧心钱赚不得

昧:隐藏。指违背良心的钱赚不得。也指来路不明的钱不能要。

门门有路,路路有门

指不论什么事总有可通行的门路。也指每件事情都有窍门。

门前插柳青,农夫休望晴;门前插柳焦,农夫好作娇

插柳:剪下柳枝插入土中,即可发芽生长。作娇:得意的神态。指清明插的柳泛青,预示雨水多;插的柳枯焦,预示风调雨顺。

米粉越磨越细,手艺越做越精

指干手艺活需要长期的锻炼,手艺才能精湛。比喻不论做什么事情都要坚持不懈,才会有好的效果。

面软的受穷

指拉不下面子的人只能受穷。

明正暗至

正:指农历正月初。至:指冬至。指冬至阴雨,来年正月初一晴明。

命里无财该受穷,富贵都是天铸成

古时认为没钱受穷是命中注定的,有钱享福是上天的旨意。

摸摸春牛脚,赚钱赚得着

春牛:象征农事的土牛。立春时鞭打土牛,取碎土投入田中,称"打春",认为可保来年丰收。又据说,立春这天,将牛打扮一番,叫春牛,供于社殿,男女老少都争先恐后地用手摸牛,讨个吉利。指打春时摸一摸春牛的脚,来年就会五谷丰登,财运亨通。

莫嫌利润小,只要顾客多

指做买卖货要薄利多销。

莫饮过量酒,莫贪意外财

指不要喝太多的酒,不要贪图来路不明的钱财。

谋财容易守财难

谋:谋取。谋取钱财容易而守住钱财却很难。喻指创业容易守业难。

谋大事者不惜小费

指谋划大事的人不心疼花些小钱。

木奴千,无凶年

木奴:柑橘的别称,也泛指一般果树。指果树种得多,就不怕灾荒年。指水果可以充饥,也可以换粮食。

N

哪个鱼儿不识水

比喻从事某种行业的人，肯定熟悉这个行业的专业技能。

男的是耙耙，女的是匣匣，不怕耙耙齿少，只怕匣匣没底

指丈夫在外挣钱，妻子得节俭积攒钱财，如果不节约，挣钱再多也不管用。

男勤耕，女勤织，足衣又足食

指一户人家，男女都勤劳，就会衣食无忧。

男人挣钱，女人腰圆

腰圆：吃饱饭。指丈夫能挣很多钱，妻子就会过得风光体面。

男是冤家女是债

旧时迷信，认为生男孩是冤家转生，来报前世的仇恨；生女孩是债主转生，来讨前世的债务。

难拜年，易种田

指年节时下雪，不方便人们拜年，但对农田却好处多多。

能挣不如能省

指挣的钱多，花得更多，还入不敷出；挣得虽少，但能节省，就会有余。

你拨你的算盘，我打我的主意

指生意场上买卖双方都有自己的想法，谁也不想吃亏。

你不借我磨刀雨，我不准你晒龙衣

农历五月十三日是下雨日，相传是关公借的磨刀雨。农历六月初六日是大晴天，相传是龙王晒龙衣的日子。旧时认为，这两个日子相关连，五月十三下雨，六月初六天晴；五月十三不下雨，六月初六天阴。

拈不得轻，负不得重

拿不起轻的，背不动重的。意思是什么事情都干不了。

年逢大荒，先禁三坊

三坊：指糖坊、酒坊、孵坊。指遇到饥荒，首先应当禁止像三坊这样耗费粮食多的作坊。

年年有储存，荒年不慌人

指年年存粮，即便遇到灾荒年，也不用着慌。劝诫人要注意储存食物。

年轻不攒钱，老来受艰难

指年轻时不知道积存，年老时免不了要受困。劝诫人在年轻有为时要为将来年老生活作准备。

鸟为食死，人为财亡

指鸟儿被捕身亡，往往只是因为贪一口食；人在争夺中丧命，常常是因为钱财。比喻贪财是祸害的根源。

宁当有日筹无日，莫待无时思有时

指经济宽裕时，就应作筹划，开源节流，不要等到手头拮据时才着急。

宁可卖了悔，休要悔了卖

指做买卖要把握机会，只要价钱差不多就赶紧把商品售去。

宁可人前全不会，不可人前会不全

指在人前承认自己没知识并不丢人，千万不要不懂装懂，自我卖弄。

宁可无了有，不可有了无

指宁可从贫变富，不可从富变贫。也指宁可从无到有，也不可失去了已经得到的。

宁可无钱，不可无耻

指不可因贪图钱财而不顾道德，忘却人间羞耻。

宁少路边钱，莫少路边拳

古时指出门在外，宁可少带些路费，也不可以没有护身的功夫。

宁舍千金献真佛，不拔一毛插猪身

比喻该花的钱再多也要花，不该花的钱再少也不可花。换句话说，该用的时候要舍得花费钱财；不该用的地方，一丝一毫也不得用。

宁养龙，不养熊

指喂养牲口，宁可费点气力养难调教而用处大的牲口，也不要因为省钱省事而养那些用处不大的牲口。

牛马年，好种田

旧时认为牛年、马年多风调雨顺，农业生产丰收。

牛食如浇，羊食如烧

指植物被牛吃后，就好比被水浇过一样，会长得很好；而被羊吃后，就像被火烧过一样，再也长不起来。

牛是口粮神，少了饿死人

指牛是农家之宝，离了牛就不能种田，不能生产粮食。

牛头不烂，多费柴炭

指牛头煮不烂，就得加大火力。比喻遇到不好办的事，得多下工夫多破费。

农不经商不富，马无夜草不肥

指只知道种地不懂得经商，永远也富不起来。

农民观天气，商人观市场

指农民关心天气的变化，商人关心市场的行情。也指各行各业都有自己最关心的话题。

P

怕见的是怪，难躲的是债

指怕见的是鬼怪，难躲避的是债。也指债是逃避不了的。换句话说，欠债人有怕见债主的胆怯心理，怕债主要债，所以一看见债主就躲开。

赔钱招汉子，折本费工夫

指女子一旦钟情于某个男子，情愿赔上钱财，不惜耗费工夫。

彭祖寿八百，不可忘了植蚕植麦

彭祖：古代传说中长寿的人，据说活了八百多岁。植：种得早或成熟早。指长寿的彭祖也不忘早养蚕、早种麦。告诫任何人都要重视农业生产。

匹夫无故获千金，必有非常之祸

指一个人无缘无故得很多钱财，肯定会招来灾祸。

匹夫无罪，怀璧其罪

怀璧：身藏璧玉。指老百姓本来没有罪，如果怀藏着璧玉就成了有罪之人。比喻财宝会招来祸害。

拼得自己，赢得他人

指赌博场中不要怕输掉自己的，才能赢得他人的钱财。也泛指做事要舍得投入本钱。

拼死吃河豚

河豚：也叫鲀，一种肉味鲜美的鱼，卵巢、血液和肝脏有剧毒。指贪吃鲜美的河豚肉，得冒着生命危险。也比喻做事明知有大风险，也得豁出去试试看。

贫不与富斗，富不与权争

古时指穷人不与富人相斗，富人不跟有势力的权贵相斗。

贫家百事百难做，富家差得鬼推磨

指穷人没钱，办什么事都困难，富人办事没有办不成的。旧指钱能决定一切。

贫家富路

指在家要节俭，出门上路必须宽备窄用。

贫穷不为耻，懒惰真是羞

贫穷不能算作是耻辱，懒惰才是真正的耻辱。

平原地区怕水淹，高山地区怕干旱

指低处怕淹，高处怕旱。也指对于农业地理位置，各有优缺点。

破财是挡灾

破财：破费钱财，多指遭受意外的损失。免：免除。俗指损失了钱财可以避免灾祸降临。比喻虽然遭受意外的钱财损失，但使人免除了灾难。这是反映破财后的自我安慰。

破车不挡好道

破烂的车不该在路上阻碍其他车辆通行。比喻能力不高的人不该挡住别人前进的道路。

破家值万贯

贯：旧时的制钱，用绳子穿起来，每一千个叫一贯。指家当虽然破败，样样杂物离不了，显得很值钱。形容人珍惜家中的一切杂物。比喻再破败的家当，置办起来也不容易，不能轻易丢弃。

破家值万贯，一搬三年穷

指居家用品，看起来便宜买起来贵，搬一次家受到的损失，长时间也添置不起。

破人生意如杀人父母

指破坏别人的生意，夺人谋生之路，就像杀害别人父母一样罪孽深重。

Q

七犁金，八犁银，九月犁地饿死人

指农历七月、八月是犁地的黄金时节；九月的时候犁地，节气就已经晚了。

七十二行，行行出状元

七十二行：泛指社会上的各行各业，指人只要努力，在哪个行业都可以做出骄人的业绩。

七十二行，庄稼为王

意思是在众多行业中，农业是最重要的。

七月半栽大蒜，一棵能长四两半

指七月十五前后正是栽蒜季节。

七月草是金，八月草是银

指七月天热草嫩，正是沤肥的时候；其次才是八月的草。

欺众不欺一

赢利要在众人身上打主意，不能专门算计某个人。

骑马寻马

骑着马又去找马。意谓已经获得了，却又继续去寻找更好的。

骑秋一场雨，遍地出黄金

骑秋：跨入秋季。指立秋时节下场雨，可保庄稼丰收。

起了个五更，赶了个晚集

天不亮就起床，但等赶到集市的时候却已经不早了。意指行动虽早，但却没有达到预期的目的。

起五更，爬半夜

起得早，睡得晚。意谓十分勤劳辛苦。

起新不如买旧

起：建，盖。指盖新房不如买旧房划算。

汽车一响，黄金万两

指只要汽车开动，大量金钱就会到手。比喻搞运输能赚大钱。

千金不死，百金不刑

指古时金钱可以代替刑罚，千金可以买条人命，百金可以买到免刑。

千金难买后悔之药

指千金也买不到能治后悔的药。劝诫人不要做后悔的事。

千金难买穷济贫

指自己本来就很穷了，却还要去救济他人，这是相当难能可贵的。

千金难买相连地

指出高价也难买到连成片的房产、田地。比喻房产、田地若能连成一片，十分难得。

千金难买一口气

指人活一口气,没有这口气就不会有生命。喻指人的生命非常宝贵,金钱是不能换来的。

千金之子,不死于市

市:集市,商肆聚集的地方,古时常作处决死囚之处所。旧时富贵人家的孩子触犯法律,因为有钱赎命,所以不会死在街头。

千里为官只为财

为财:为了钱财。古时认为,不远千里去当官,为的只是捞取钱财。也指做官目的就是为了发财。

千卖万卖,折本不卖

折本:亏损本钱。指做生意招数很多,货物无论怎样卖都可以,但不能亏了本钱。比喻怎么做生意都可以,但是赔本的交易绝对不做。

千年田,八百主

指一块田地,换过很多主人。古时指土地转让、买卖非常频繁。

千钱赊不如八百现

宁可现钱少要点,也胜似赊账。

千镪而家藏,不如铢两而时入

镪:钱贯,旧时穿成串的钱。铢:古重量单位,为一两的二十四分之一。指家里藏的银钱纵有千万,也不如经常有微薄的收入。

千日锛子百日斧

指木工学锛子需要一千天,学斧子需要一百天。比喻掌握某个行业的基本功得花费很多工夫。

千文许要,一文许还

指做买卖要价和还价都可以不受限制。

千行万千,庄稼是头一行

指众多行业中,农业生产是最重要的。

千招要会,一招要好

招:技艺。技艺掌握得越多越好,但要精通其中的一种。

千做万做,蚀本生意不做

意谓什么事情都可以做,但不可以做亏本的事情。

前门进老子,后门进儿子

指旧时娼妓只认钱财,不顾人伦道德。

前身高一掌,只听犁耙响;前身低一掌,只听鞭杆响

指前身比后身高的牛,犁地时走得快;前身比后身低的牛,犁地时走得慢。

钱不可使尽,话不可说尽

指花钱、说话,都要留有余地。

钱财分上无父子

指在钱财上不讲情分。

钱财如流水，流去还能回

指钱财是身外之物，丢了还能再挣回来。劝慰损失者的用语。

钱财入手非容易，失处方知得处难

指钱财到手是不容易的，没有了才知道得来困难。劝诫人在有钱时要注意节约。

钱财是倘来之物

指钱财是偶然得到的东西。也指不在意钱财。换句话说，金钱和财产是人身体以外的东西，不要太看重它。意在告诫人们，金钱和财产跟人的生命比较起来无足轻重，不要太看重它们。

钱财通性命

指钱财与性命相连。也指钱财十分重要。

钱财易处，门路难寻

处：办理。门路：进身的路径，这里指打通关节。指钱财容易筹办，买官的门路却不好找。古时买官除了花钱外，还得有门路。

钱财招祸

指钱财会招引来意外灾祸。

钱到公事办，火到猪头烂

指钱花到位了，再难办的公事也能办成；就如同火候到了，再难煮的猪头也能煮烂。古时指只要舍得花钱，没有办不成的事情。

钱多不烧手

指钱再多也不会伤着手。比喻钱多了不会有害处。

钱多腰杆硬，力大嗓门粗

指钱能给人壮胆，力气大嗓门自然就粗犷。

钱赶赢家

指赌博时越是赢家就越容易赢。

钱会摆，银会度

度：同“踱”，走路。指钱会摆身，银会走动。比喻拥有银钱会使人显得神气十足。

钱尽情义绝

指钱财用完了，情义便随之不复存在。也指建立在金钱之上的关系不会持久。

钱可使鬼

指有了金钱能够役使鬼。旧指金钱可以买通一切。

钱可通神

指钱财可以买通鬼神。也指金钱魔力巨大。又用来比喻金钱可以买通关系，什么事都能办得到。

钱可以买到伙伴，但买不到朋友

指真正的朋友不是金钱能买到的。

钱买众人和

指钱财花到位了，就能使众人和解。

钱难挣,屎难吃

指挣钱是很难的事。

钱能长利,穷能生穷

指钱能生出钱来,贫穷只会使人更加贫穷。

钱能成事,也能败事

败事:坏事。指金钱可以成事,也可以坏事。也指没钱不行,钱多了也会招灾惹祸。

钱能生利,穷能生穷

指越有钱越能周转让它生利,越没钱越不能摆脱贫困。

钱入山门,功归施主

山门:佛寺的大门。施主:佛教寺院对布施者的敬称。指布施的钱入了佛寺,功德仍归施主本人。

钱是白的,眼是红的

指人见了钱会眼红,会贪财。

钱是奴才,用了还来

奴才:旧时卖身供主人役使的人。指钱是供人使用的,花了还会再来。告诫人不要把金钱看得太重。

钱是人之胆,财是富之苗

指钱可以壮人胆,财可以让人富贵。

钱是死的,人是活的

指人比钱重要,钱没了还可以再赚,不应太看重钱而轻视生命。

钱是贪夫饵,徘徊自上钩

贪夫:贪财的人。指贪财的人见了钱,便会不顾一切拼命去攫取。

钱是爷,钱是娘,一天没钱急得慌

指金钱非常重要,一天没钱也不行。

钱为人之胆

指有了钱财才可以大胆地去做生意,发财致富。

钱无耳,可暗使

指钱可以暗中运作,买通鬼神。比喻钱有很大的魔力。

钱压奴婢,艺压当行

指银钱多了,就可以欺压众人;本事高了,就足以压服同行。比喻有钱有本事的人能高人一等。

钱眼中间转

指一心只在钱财上谋划。

钱要用在刀刃上

指花钱要花在最需要的地方。

钱有眼,谷有鼻,飞来飞去无定地

谷:泛指粮食。指钱财和粮食好比长有眼睛和鼻子,在众人的手中转来转去,不停地进行交换。

钱在手头，食在口头

指人有了钱，就不免顺手开支，奢侈浪费。

欠人的理短，吃人的嘴软

指欠了别人的钱，吃了别人的东西，评起理来就短了一截，说话也不强硬。

欠债变驴变马填还

旧指今生欠债偿还不完，来世变作驴马也要填补归还。

欠债还钱

指欠下了别人的钱，一定得偿还。

欠债如管下，还了两平交

管下：在人管辖之下。指欠人债必然受制于人，还清了债才能平等相交。

欠账不昧，见官无罪

昧：隐瞒。指欠债认账，不能称作有罪。

欠账不欠情

情：人情。指账可欠，人情不能欠。

强盗不入五女之门

五女之门：女儿多的人家。指强盗不会到女儿多的人家盗窃钱财。古时指女儿多的人家，家里贫穷。

抢人主顾，如杀父母

主顾：顾客。指破坏或抢走别人的生意，罪如同杀死别人的父母。

抢收如救火

指收割庄稼刻不容缓。

抢着不是买卖，拉着不是亲戚

指强拉买主做不成买卖，强认亲戚不会成眷属。也指采用逼迫的手段办不了事。

巧干来自熟练，熟练来自实践

指多练习多实践就能掌握技巧。

窍门满地跑，看你找不找

指做事的窍门到处都是，关键在于人们能不能发现它，会不会利用它。

亲戚不共财，共财再不来

指亲戚如果在钱财上分不清楚，来往就不会持久。

亲戚明算账，父子钱财清

指即使最亲近的人之间，钱财上也要账目清楚。

亲是亲，财是财

指即便在亲人之间，钱财上也得分清楚。

亲是亲，钱财分

指亲戚归亲戚，钱财上还是要分清楚。

亲兄弟，明算账

指即使关系亲如兄弟，在钱财往来上也得算清楚账目，避免以后引起纠纷，影响关系。比喻相互关系很密切的人,在钱财方面也需要彼此理算清楚。

亲兄弟借钱如白捡

指亲兄弟之间借走钱往往像白拿一样,有借无还。

勤勤干,满满饭

指只要辛勤劳作,就能够丰衣足食。

勤人活路多,懒人瞌睡多

意谓勤劳的人有做不完的事情,懒惰的人有睡不醒的觉。

勤人急在腿上,懒人急在嘴上

意谓勤劳的人心急起来是一个劲儿地干活,懒惰的人心急起来是只说不行动。

勤为摇钱树,俭是聚宝盆

指勤劳就像摇钱树一样,钱会越来越多;节俭就像聚宝盆一样,钱会越聚越多。

穷官儿好如富百姓

好如:胜过。旧指当官的再穷,也比有钱的百姓日子好过。

穷汉无年节

古时指穷人一年四季受苦受累,连过年也不能歇息。

穷极买奖票,发财看广告

奖票:奖券。指穷极了,买张奖券碰碰运气;想发财,看看广告找门道。也指买奖券或许能致富,看广告或许能找到致富门路。

穷家富路

指居家过生活得节俭,但出门在外时要准备足够的费用。

穷家值万贯

贯:旧时千钱串为一贯。指家虽穷,生活用品样样得有,购置仍需要许多钱。

穷看碗里富看穿

指穷人只求吃得饱,而富人讲究穿戴。

穷客人富盘费

盘费:盘缠,旅途上的费用。指出门在外,穷人也要多带些盘费。

穷人的汗,富人的饭

古时指穷人用血汗创造财富,而富人吃喝玩乐坐享其成。也说明富人是靠剥削穷人生活的。

穷人告状,白跑一趟

指旧时穷人没有钱打通关节,打官司只会输不会赢。

穷人思旧债

指人穷了就想讨要以前借给别人的钱财。

穷人死一口,不如死条狗

形容穷人的命运极为凄惨。

穷人有个穷菩萨

指穷人有穷人的菩萨保护。比喻穷人自有穷人的应对方法或处理问题的法子。

穷算命，富烧香

算命：根据人的生辰八字，推算人未来的吉凶祸福。烧香：拜佛时，把香点着插在香炉中。指穷人算命预卜变富的时候，富人烧香祈求富贵会更富。换句话说，穷人爱算命，是期望命运会有转机；富人爱烧香，是祈求神佛能够保佑长久富贵。

穷虽穷，还有三担铜

指富人虽然变穷了，但仍有一些财产。

穷文富武

指穷人学文，富人学武。也指学文花费少，学武花费多。

秋孛辘，损万斛

孛辘：雷声。斛：旧时量器，能容粮五斗。指立秋那天打雷，影响庄稼收成。

秋忙麦忙，绣女下床

绣女：古时在深闺中专门学习刺绣的少女。指在秋收、麦收的时候，不管是谁都得下地抢收。

秋前拔稗，强如放债

稗：植物名，亦名稗子、稗草，生长在稻田里的杂草。指秋前拔掉稗草，有利于稻苗生长，利比放债还大。

秋茄晚结，菊花晚发

指秋茄鲜嫩结得晚，菊花好看开得迟。比喻老年人仍有作为。

秋十天，麦三晌

指收秋可以在十天内搞定，收麦必须只争朝夕。也指麦收要快，耽误不得。

秋收稻，夏收头

头：这里指妇女头发。指唐代南方的贫家妇女在秋天收获稻谷，夏日卖发。

秋霜夜雨肥如粪

指初秋时节夜里下雨，清晨结霜，对农田作物最有营养价值。

秋天的骨朵怕霜打

骨朵：花蕾。指秋天的花骨朵霜打后便很难开放。比喻美丽的姑娘怕遭遇到强悍之人。

秋天划破皮，等于春天犁十犁

指秋天翻地很重要。

秋天毛毛腰，足够一冬烧

毛毛腰：弯一弯腰。指秋天勤快些多拾些柴草，冬天就可以有柴烧。

趋名者于朝，趋利者于市

趋：向往。指在朝廷做官的为了争名，在集市上做买卖的为了求利。

犬生独，家富足

富足：丰富充裕。指家中的狗只生下一只狗仔，预示着家庭生活将富裕兴旺。这是古时迷信的观点。

劝君莫打三春鸟，子在巢中望母归

三春：指春季的三个月，即正月孟春、二月仲春、三月季春。指春季正是百鸟生育季节，不要打鸟。

R

人爱富的，狗咬穷的

古时指富人受到敬重，穷人受到欺凌。现指人常常敬重有钱的人，连狗都欺负穷人。比喻社会上有些人经常爱富嫌贫，看重金钱，巴结富人，欺凌穷人。

人不哄地皮，地不哄肚皮

指人若在种地时，肯投入资金、劳力和技术，土地就会多打粮食，让人吃得饱。也指种地要实打实地干才行。

人不划算家不富，火不烧山地不肥

只有精打细算，生活才能过好，家业才能兴旺。

人不亲行亲

指同一行业的人，在感情上是相通的。

人不识货钱识货

古时指买东西时不用担心看不出货物的好坏，价钱高的就肯定是好货。

人过三十五，好比庄稼到处暑

处暑：二十四节气之一，在阳历 8 月 22、23 或 24 日，为庄稼成熟时期。旧指人到三十五岁以后，生育子女为时已晚。

人好不如家伙妙

指人自身再有本事，也不如掌握最得力、最先进的使用工具有效。

人哄地皮，地哄肚皮

指人不下工夫种地，地就不长庄稼，人就会饿肚子。

人叫人千声不应，货叫人点头而来

指商场中只要货真价实，顾客自然光顾，不用大声吆喝。

人敬有钱的，狗咬提篮的

提篮的：乞丐讨饭，一手拖棍，一手提篮。旧时指人情势利，对有钱的人毕恭毕敬，对穷苦的人百般欺凌。

人看对眼，货看顺眼

指跟人交朋友，要从志同道合上入手；买东西，要从满意顺心上入手。

人靠饭养，苗靠粪长

指人是靠饭养活的，田禾是靠粪滋养的。

人靠运气马靠膘

古时认为，人要想有福气，得靠自己的好运气。

人亲有的，狗咬丑的

指人总是爱结交有钱有势的富人，狗总是爱咬穿得又破又烂的穷人。比喻人情势利。

人勤地不懒，黄土变成金

人只要辛勤劳动，就会有好的收成。

人勤地有恩，黄土变成金

指人勤劳耕作，土地奉献就多，财富积累自然丰厚。

人穷长力气，人富长脾气

指穷人辛勤劳动，力气会越来越大；富人养尊处优，脾气会越来越大。

人穷当街卖艺，虎瘦拦路伤人

指人穷了如果上街卖艺求生，就像饿瘦了的老虎会伤人一样。

人穷客前矮半截

怕指客人到来，家穷无力招待，就像比人矮半截似的不光彩。

人穷理短，有钱气粗

古时指人穷了有理也难与人论理，有钱了财大气粗没理也有理。

人穷穷在债里，天冷冷在风里

指人穷是因为负债，天冷是因为刮风。

人穷志不穷

虽然人穷但却有志气。比喻人穷要守理，人穷志向不穷。

人少好过年，人多好种田

过年：过年时节好吃好穿，泛指享受。种田：泛指干活。指享受时人宜少，干活时人宜多。

人生祸福总由天

古时认为人生在世，或享福，或遭灾，全是由天命决定的，由不得自己。

人生天地间，庄农最为先

指在人类社会中，农业生产是各行业的首要一行。

人是富贵眼

指人的眼睛经常是高看有钱的人。比喻某个人势利。

人是活财，东西是死宝

指人是最可宝贵的，有人就有财宝；财物是死的，是由人支配的。

人是英雄钱是胆

指英雄好汉还得有钱来壮胆。也指即使是英雄也必须要用钱来办事。

人熟地灵，生财有道

指做生意要人地两熟，才会财源滚滚。

人无三代穷

指穷与富不是固定不变的，穷人也不可能一直穷下去。

人无笑脸休开店

指开店做买卖，必须笑脸迎主顾，和气接待来人。

人误地一时，地误人一年

指有的农作物季节性很强，耽误不得，耽误了农时就会影响一年的收成。

人有薄技不受欺

指人只要有一点小技艺，生活就不会受困。

人有两只脚，银子有八只脚

指钱财走得比人快。也指运气好的时候钱财不求自有，运气不好的时候钱财求也不会来。

人有七贫八富

指人生在世，穷富交相出现，没有定准。

人有一技之长，不愁家无米粮

指人只要有一技之长，就不用担心不能养家糊口过日子。

人走运门板也挡不住

旧指人要是交了好运，任何情况下都能够顺利的。

仁不统兵，义不聚财

指仁慈的人不适合统帅部队，仗义的人不适合主管财物。

忍耐忍耐，家财还在

指只要牢牢记住忍耐二字，就不会招惹麻烦，折损产业。

认票不认人

指凭票据行事，不用管持票人是谁。

任叫人忙，不叫田荒

宁愿让人累一些，也不能把田地荒废。

日出而作，日落而息

太阳升起就干活，太阳下山就休息。喻指简朴自然的生活。

日下一言为定，早晚时价不同

日下：眼下，即刻。时价：货物当时的价格。指市场上货物价格早晚不一样，只凭眼下一句话说定，决不更改。

肉肥汤也肥

指肉肥了，肉汤自然也油水多。比喻依靠别人或某事而得到好处。也比喻整体富有了，个人也自然随着富有。换句话说，一人富有了同他关系密切的人也会跟着得到好处。

若说钱，便无缘

指若提到借钱，再深的交情也会断绝。也指钱财能使人情疏淡。

若要富，守定行在卖酒醋；若要官，杀人放火受招安

行在：也称行在所，天子巡幸所到的地方。古时认为，要想发财，就得跟随皇帝巡幸的队伍做买卖；要想做官，可以先杀人放火而后接受朝廷招安。

若要富，土里做；若要饶，土里刨

饶：富裕。指农民要想富裕，必须在种地上下工夫。比喻种田人要想致富，就应该着眼于庄稼生产方面，辛勤劳作，才能生活富裕。

S

三百六十行，行行出状元

意思是各行各业都可以出优秀的人才。

三百六十行生意，不如鬻书与毛氏

鬻：出卖。毛氏：明末毛晋，古代著名藏书家。指卖书给毛晋，获利最大。这是当时人们对毛晋不惜代价收藏典籍的赞语。

三春不赶一秋忙

三春：农历正月、二月、三月的合称。不赶：比不上。春耕、春种加起来也不如秋收忙碌。指秋天收获的时候，农民最忙碌。

三春戴荠花，桃李羞繁华

三春：此处指阳春三月。旧俗，农历三月三，男女头戴荠菜花，美艳胜过繁华的桃李。

三番谢灶，胜做一坛清醮

三番：古时的习俗以农历六月初四、十四、二十四为祀灶日。醮：用酒祭神的仪礼。古时指按时祭灶神，胜过设坛祈祷。

三分匠人，七分主人

施工建造，三分靠工匠的技术，七分靠主人的主意。指做事情出谋划策的人更重要。

三分毛利吃饱饭，七分毛利饿死人

指生意场中，薄利经营资金周转快，生意好做；牟利过重，没了顾客，生意就会做不下去。

三伏不热，五谷不结

三伏：初伏、中伏、末伏的总称，一年四季中最热的时节。指应该热的时候如果不热，庄稼就不能成熟。

三个五更顶一工

五更：一夜分为五更。第五更，即黎明前的一段时间。顶：相当于。一工：一个劳力干一天的工作量。连续三天在五更的时候起床干活，就相当于是多做了一个工。

三年护林人管树，五年护林树养人

指栽树护林，刚开始时费劲儿，但到后来就会受益无穷。

三年郎中妻，抵得半个医

医生的妻子由于长期的耳濡目染，也会懂得一些医术。指见得多了，外行也会变成内行。

三年桃，四年杏

指从种树到结果，桃树得需要三年，杏树得需要四年。

三年易考文武举，十年难考田秀才

文武举：科举时代每隔三年选拔的文举人和武举人。明清两代通过省城考试录取的人称为举人。田秀才：指种田把式。明清两代通过最低一级考试，在府学、县学读书的人称作秀才。指要成为种田能手远比考中举人更困难。比喻考中举人很容易，但要学好种田并成为专家就很难。

三千索，直秘阁；五百贯，擢通判

索：古时千钱为一索，也称一贯。秘阁：宋代中央官署名。擢：提升。通判：宋代地方官名。指宋代政治腐败，卖官按官位论价。

三日卖不得一担真，一日卖了三担假

指假的货物有人买，真的货物反而没人买。也指社会上很多以假乱真的东西，缺少的是慧眼识宝。

三月三，九月九，无事不向江边走

三月三：泛指春天。九月九：泛指秋天。旧时指春秋两季，江上官船来往较多，常拉江边行人为官船拉纤。比喻提高警惕，防止受骗。告诫人不要贪小便宜，以免上当。

三月三，苦菜叶往上钻

指阳春三月，苦菜长出了嫩叶。古时指三月的时候青黄不接，穷人多采苦菜嫩叶充食。

三月三，蚂蚁上灶山

旧时习俗，三月初三日，把荠菜花插在灶陉上，以驱除虫蚁。

三月三日晴，桑上挂银瓶；三月三日雨，桑叶无人取

挂银瓶：指桑叶价格比较贵。指三月初三日晴天，天旱，桑叶贵；雨天，多雨，桑叶霉烂。

三月思种桑，六月思筑塘

春天养蚕时才想起种桑树，夏天需要用水抗旱时才想起挖水池。意谓没有长远打算，事到眼前才想办法应付。

三月茵陈四月蒿，五月六月砍柴烧

茵陈：即茵陈蒿，多年生草本植物。指茵陈蒿三月时称茵陈，可采入药；四月时称青蒿，可作蔬菜；长到五月六月，只能当柴烧。

三早当一工

早出工三次，相当于多做一天的活。

杀头生意有人做，亏本生意无人做

指做生意只要有利可图，再大的风险也有人敢冒；如无利可图，谁也不会去做。

山不碍路，路自通山

山再高、再深，总是有路可走的。指再大的困难也足以克服。

山大砍来自有柴

指山大林木多，柴是砍不尽的。比喻只要广开资源，自有生财之路。

山怕无林海怕荒，人怕老来花怕霜

山若无林便会水土流失，海若无鱼便是死海，人老了就很难有所作为，花一经霜打就会凋零。指要学会珍惜时间。

山上多种树，等于修水库；雨多它能喝，雨少它能吐

说明植树造林能保持水土，促进生态平衡。

山是摇钱树，海是聚宝盆

山中、海里都有无数的珍宝。

善钱难舍

意谓吝啬的人，不给压力是不肯拿出钱财的。

商场如战场

指生意场上竞争激烈，如同战场作战，容不得丝毫疏忽。

上八不见参星，月半不见华灯

上八：正月初八。参星：星名，二十八宿之一。华灯：正月十五节灯。指正月初八不见参星，正月十五必定是阴雨天，晚上不能观灯。

上赶着不是买卖

买卖：商场交易。指着急慌忙的卖主急着把商品卖给别人，这是自找吃亏，不是做买卖。也指时机不到，不能强求。

上门买卖好做

买卖：指做生意。说明对方主动找上门的事情好办。

上坡骡子下坡马

驾车上坡时，得用耐力强劲的骡子，下坡时得用行动灵巧的马匹。比喻人做事既要有耐心和毅力，又得学会灵活。

上天讨价，落地还钱

指生意场中，货物的价格不固定，卖方能够把价抬得很高，买方又能够把价压得很低。

上无片瓦遮身，下无立锥之地

形容贫穷得一无所有。

梢粗胆壮

梢：指赌博的本钱。指有本钱了，赌起来胆子就大。

烧干柴，吃白米

古时指农历八月二十四日，农家称为稻生日，宜晴。指这天天晴烧干柴，就预兆丰收，可以吃上白米饭。

烧石灰见不得卖面的

指石灰和白面放在一起一比较，就看不出石灰的白了。喻指同行是冤家。

烧砖的窑里出不来细活

说明烧砖的窑里烧不出细瓷器。比喻粗人做不了细活。也指大老粗讲不出文雅的话来。

艄、皂、店、脚、牙

艄：艄公。皂：衙役。店：店家。脚：脚夫。牙：买卖的中间人。古时候用以指上述五类人刁钻难缠。

赊三不敌见二

敌：赶上。见：同“现”。指做生意与其多赊欠款，不如少收现款。换句话说，经商做买卖要付现金，不要空口承诺欠账，这样有利于资金周转。

赊三千弗如现八百

说明经商做买卖宁可少赚，也要拿现钱。多形容凡事贵在得实惠。

蛇有蛇路，鼠有鼠路

说明每个人都有自己的谋生手段。

舍不得香饵,就钓不来金蟾

饵:指引鱼上钩的食物。金蟾:俗称金蛤蟆。比喻不下大本钱,就得不到大利益。

舍得宝调宝,舍得珍珠换玛瑙

珍珠、玛瑙:珍奇的宝物。用这个宝物,换取那个宝物。多指有舍才能有所得。

社后种麦争回耧

社:这里指秋社,立秋后第五个戊日。耧:播种农具。指秋社之后种麦,时节已晚,必须争分夺秒。

社日酒治聋

社:此指春社,立春后第五个戊日。古时的习俗认为春社日时喝酒可以治耳聋。

神有神路,鬼有鬼路

说明各种各样的人都有自己谋生的方法。

生不带来,死不带去

指人生来世赤手空空,死时一钱一物也带不走。告诫世人不要太贪心财物。

生财有道

意谓有发财的办法。

生处好寻钱,熟处好过年

过年:古时穷人过年是一难关。指在人生地不熟的地方,赚钱容易;在人熟的地方,容易得到援助,帮助渡过难关。

生泥好,棉花甘国老

生泥:不肥的泥土。甘国老:甘草的别名。指生泥对棉花生长有好处,就像中药里少不了甘草一样。

生意不怕折,只怕歇

折:亏损。指做生意亏了本没关系,但不能因此停业。

生意场上无父子

指生意场中,追求的是利润,是不会顾及任何情面的。

生意买卖一句话

指生意场中,要讲信用,说话要算数。

生意上官船,不愁肚子圆

指做买卖一旦和官府有关系,不用发愁挣不到钱。

生意头上有火

指赚钱买卖使人眼红心热,得手不让人。

省钱易饱,吃了还饥

指只为了省钱省事,到头来不会成事。

失了财,免了灾

旧指丢失了钱财,并非一定是坏事,可以免除灾祸。

十耕萝卜九耕麻

十、九:这里泛指数量多。指萝卜地和麻地,宜多耕多锄。也有一说,十月收获萝卜,九月收获麻,收后即耕,以养地力。

十年九不收,一收胜十秋

意指低洼地里的收成不好预测,旱涝灾害,常常颗粒无收;风调雨顺时,产量会是平地的好几倍。

十年辛苦不寻常

用很长时间从事艰苦的劳动,不是一般的事情。意谓创业的艰辛或有顽强的毅力。

十日卖一担针卖不得,一日卖三担甲倒卖了

针:谐"真"。甲:谐"假"。指假的往往有市场,真的却没市场。

十月雷,人死用耙推

古时认为,农历十月响雷,主遭灾疫,死人多。

十月无工,只有梳头吃饭工

指农历十月天短,白天做活的时间很短。

时间就是金钱,效率就是生命

指经济效益取决于时间和效率。珍惜时间、提高效率就像珍惜生命和金钱一样。

食用量家道

指吃饭、穿衣,要依据家中的经济实力决定。

食在口头,钱在手头

指食物在口头,吃着便当;钱在手头,花着便当。比喻花钱如不节制很容易花完。

使的憨钱,治的庄田

憨钱:大注的银钱。指只有舍得花大钱,才能买到上等庄田。也指宁可多花一点钱,也要买下能长期属于自己的田产。

使人家的钱手短,吃人家的饭口软

指受人雇用,就得听人指使。也指接受人家贿赂,就得为人家护短。

使人钱财,与人消灾

指使用了他人的钱财,就得替他人卖力,消除别人的灾难。

世上哪有不偷鱼的猫儿

比喻贪官污吏没有不爱钱财的。也比喻浪荡子弟没有不贪恋酒色的。

世上钱财倘来物,哪是长贫久富家

倘来物:偶然而来的东西。倘:同"傥"。指人世间的钱财本是偶然得到的东西,谁也不会一直拥有它。

事忙先落账

账:会计账簿。指生意场中越忙越要把账目记清。也泛指再忙也得有轻重缓急之分。

势大仗权,腰粗仗钱

仗:凭借,依靠。指势大压人,凭的是权;腰粗胆壮,靠的是钱。也指权重势大,钱多气粗。

是财自个儿来

古时指拥有多少钱财是命中注定的,该是自己的钱财,它自己会来。

是儿不死，是财不散

指该是自己的儿子，就不会早死；该是自己的财产，就不会散失。古时认为，有没有儿子，财产多不多，都是命中注定的。比喻属于自己的东西，别人想赖也赖不去。

手巧不如家什妙

人的手再灵巧，技艺再高超，也比不上有一套好工具。

手中有粮，心中不慌

指粮食是民生的根本，有了粮食，民心自然安定。

受人之禄，忠人之事

禄：财禄。指接受了别人的钱财，就要尽心尽力为别人做事。

瘦死的骆驼比马大

骆驼即使瘦死了，也比马大。比喻有钱有势的人，即使破产或失势了，也比平常人家有钱。也比喻有能耐的人，即使受到挫折，也比平常人强。

书呆子经商，老本儿赔光

书呆子：指只知读死书脱离实际的人。指书呆子做生意，会吃大亏。

输家不放口，赢家不能走

赌博场上，如果输钱的人不说散场，赢钱的人也只能继续陪着赌下去，不准离场。

熟能生巧，巧能生精

指做事熟练了，技艺就会精湛。

树不成林怕大风

树木不成林就容易被大风刮倒。比喻势单力薄的人家害怕遇到灾祸。也指没有能力的人害怕遇到意外变故。

树不坚硬虫来咬

虫子专咬木质柔软的树。比喻意志薄弱的人容易受到外界侵扰。

树长根，人长心

指树长根，才能茂盛；人长良心，才有道德。

树大了空心，财多了黑心

指树大了，树心就会空朽；钱多了，良心会变坏。

树大生丫枝，人大生意思

指孩子长大之后，会有独立创业的想法，就好比树长大了会生出丫枝一样。

树大招风

指树大了要遭到风吹。比喻名气大了，容易招惹是非。

树根儿不动，树梢儿白摇

比喻主事人不说话，旁观者再说也不管用，就像树梢儿再怎么摇晃，树根都不动一样。

树蛮不落叶，雁飞不到处

指岭南有瘴气，树不落叶，雁飞不到。

树木不修剪，只能当柴砍

树木重在修剪管理；不修剪，不管理，不能成材。

树挪死，人挪活

树挪动的次数多了会死，人却是越挪动越有活力。也指人要多出去闯荡。

树怕剥皮，人怕揭短

意指树的皮被剥去，无法吸收养分便不能活；人的短处被揭发，面子上下不来便没法做人。

树怕剥皮，人怕伤心

说明树剥皮、人伤心，都是致命的伤害。

树怕没根，人怕没理

意谓树没根，不能活；人没理，处处碰壁。

树怕皮薄，人怕体弱

说明树皮薄了就会长不好，人体质差了就会百病缠身。

树往高处长，人往高处走

指人总想往出人头地的境界攀登，就像树总往高处长一样。

树无梅，手无杯

俗话说梅树上不结梅子，酿酒用的高粱就不会丰收，人们也就没酒喝。

树无相同叶，人无相同脸

说明人的面貌没有完全一样的，就好比树叶不可能有完全相同的一样。

树要根生，儿要亲生

意思是树是根生的，长得稳当；儿是亲生的，没有二心。

树要皮，人要脸

要脸：指顾面子，知荣辱。指树有树皮，才能成长；人顾脸面，才有尊严。

树要直，人要实

意谓树要长得直，才能成材；人要诚实，才能得到信任。

树正不怕月影斜

喻指自身的行为端正，就不怕流言中伤或他人挑拨离间，就好比树正不怕影子斜一样。

竖起招军旗，自有吃粮人

比喻只要显示出诱人的条件，自然能吸引人前来。

双手是活宝，一世用不了

指人的技艺和能力是一辈子都用不尽的。

霜降见霜，米烂陈仓

霜降：二十四节气之一，在阳历10月23、24日。米烂陈仓：米多得烂在仓里。指霜降日下霜，第二年粮食丰收。

谁养孩子谁当娘，谁种土地谁收粮

指谁付出劳动，谁就会有劳动成果。

水来伸手，饭来张口

形容非常悠闲、舒适的生活。

水里得来水里去

古时指不是命里应得的钱财,存不住;从哪儿来的,仍得在哪儿花掉。

睡不醒的冬三月

冬:冬月,阴历十一月。指阴历三月、十一月是最宜人睡觉的时节。

说得好听,不如练得艺精

意谓嘴上说得再好也不管用,技艺精湛才是真能耐。

说金子晃眼,说银子傻白,说铜钱腥气

指说来说去只说金银财物会叫人厌恶。

说着钱,便无缘

指提及借贷的事,亲戚朋友之间便没了缘分。也指在利害关系面前,再亲近的人也常常依赖不住。比喻不愿意同他人有钱财方面的往来。

死店活人开

指店是死的,可开店的人会把店里的生意做活。也指遇事贵在灵活处理。

死水怕勺舀,坐吃山也空

死水:没有源头的水。再多的死水,用小勺子也可以舀完;只吃不做,山一样大的家产也能吃光。

四体不勤,五谷不分

意谓人不从事生产劳动,就连五谷也分不清楚。

四月八,吃枇杷;五月五,熟透的杨梅快落土

指枇杷熟在四月初,杨梅熟在五月初。

苏湖熟,天下足

指苏州、湖州粮食丰产,全国都不愁吃穿。也指苏、湖一带是产粮区。

虽有凶岁,必有丰年

凶岁:灾荒年。指农业生产会有灾荒年景,也肯定有丰收的年景。比喻人有不得志的时候,也肯定会有得志的时候。也比喻人虽会碰上逆境,但也肯定会有顺境的。

T

他财莫要,他马莫骑

不拿别人的财物,不骑别人的马匹。多指不要贪恋别人的妻子。

贪便宜没好货

指贪占便宜,不会买到好的东西。也指贪图沾光不会有好的结果。

贪钱嫁老婿

指贪图钱财,嫁给年老的男人。也指婚姻上的烦恼事,常常同贪财有关。

汤里来一定要水里去

比喻金钱随手来要随手花掉。比喻从哪儿得来的东西仍要回到哪儿去。

桃三杏四梨五年,枣子当年便还钱

当年:同一年。指不同的果树,从栽培到结果的时间是不同的。桃树需要三年,杏树需要四年,梨树需要五年,而枣树当年就可以结枣。

讨得有,讨不得没有

指讨债先得对方有钱,有钱才能讨上,如果实在没有钱,也没有办法。

讨饭是大人家的后门

指有钱有势人家的子弟,经常腐败堕落,到无路可走时,只有当乞丐讨饭。

讨账断主顾

指向他人讨账,要适可而止,不要过于逼迫,否则顾客就不会再次光顾。

天大官司,地大银子

指官司越大,花费就越多。

天旱三年饿不死手艺人

即使连年灾荒,有手艺的人也不会挨饿。指人要有一技之长。

天冷不冻下力人

下力人:体力劳动者。天气再冷,正在从事体力劳动的人也不会觉得冷。

天晴不开沟,雨落没处流

天气晴朗的时候,没有治理沟渠,下雨了,雨水就没有地方流。比喻不论什么事情都要事先做好准备,要不然就会措手不及。

天上没有堕落龙,地上没有饿煞虫

没有从天上掉下来的龙,也没有在地上饿死的虫。说明人只要肯劳动,就不会饿着。

天无三日雨,人没一世穷

指穷苦人也会有发财的时候,不可能一直贫穷。

天下道理千千万,没钱不能把事办

说明道理讲得再多,如果没钱还是办不成事。

添钱不如细看

指买东西时加点钱成交,不如仔细观察看准货物。也泛指做事要审时度势。

田舍翁当积三斛麦

田舍翁:种田人。斛:古代的量器,十斗为一斛,后又改为五斗为一斛。种田人应当积存一些麦子。指人们都应有一定的积蓄,以备急用。

田是主人,人是客

古时指田地不断更换买主,人就像土地的过客一样。也指从长远打算看,田地的使用权是变化的。说明田园财产都是身外之物,没必要过分看重。

贴人不富自家穷

指资助别人,不能让人富裕起来,自己却因此变得贫穷。也比喻自己没有能力,还去帮助别人,结果连自己也受连累了。

同山打鸟,见者有分

指在同一个地方打的猎物,知道的人都要分一份。比喻大家的劳动成果,人人都可以分享。

同行不揭短,揭短砸人碗

说明同行业的人不相互揭露对方的缺点,那样做等于砸了对方的饭碗。

同行是冤家

干同一行业的人，由于利益冲突，往往会成为冤家。

铜驴铁骡，纸糊的马

指农家养的驴和骡子比马好用。也指能吃苦出力的还是农民自己的驴和骡子。

铜钱眼里翻筋斗

指人只在钱财方面打主意。也比喻善于精打细算。

铜钱银子是人身上的垢、鸭背上的水，去了又来

垢：粘在人或物上的污物。指金钱是身外之物，没有了还可以再挣回来。

偷得爷钱没使处

意谓从熟人熟地方那里，用非法手段窃取的财物，因怕人发现而不敢拿出来使用。

头白可种桃

指桃树生长快，结果早，老年人种桃，也能赶上吃。

头有二毛好种桃，立不逾膝好种橘

二毛：头发白黑相杂，指中老年人。立不逾膝：站起来不超过大人的膝盖，指幼儿。指中老年人种桃到老的时候也赶得上吃，小时候种橘到老才能吃。也指桃树生长快，橘树生长慢。

土地不负勤劳人

只要勤劳，农业生产就会有收获。

土地是庄稼人的命根子

农民把土地当作生活的基础。

W

歪歪木头端匠人

指歪斜的木头经过木匠的斧正，可以做成有用的东西。

歪嘴葫芦拐把瓢，品种不好莫怪苗

歪嘴的葫芦锯成的瓢也是歪的，是因为葫芦的品种不好。意指种植农作物选择优良品种是非常关键的。

外财不扶人

外财：外快，非正常收入。扶：扶持，帮助。指靠捞外快是难以致富的。

外财不富命穷人

指依靠意外的钱财是解决不了根本问题的。

外甥有钱打舅舅

古时认为钱能压倒一切，只要有钱，伦理道德都可以不管。

外头要个捞钱手，屋里要个聚宝盆

对于一个家庭，丈夫要会挣钱，妻子要会理家。也指一个团体，对外要会经营，对内要会积累。

万般皆下品，唯有读书高

万般：各行各业。下品：下等。古时认为在各行各业中，只有读书识字是最高尚的，其余的都是下等行业。

万两黄金容易得，钱财无义应难守

指不义之财容易得到，却很难把守。

为富不仁

为富：追求发家致富。古时指发财的人没有好心，唯利是图，不讲仁义。

未吃端午粽，寒衣未可送

端午：阴历五月初五，是民间的重要节日，古时吃粽子，饮雄黄酒，用以避虫毒。指没有过端午节棉衣不可以拿去典押。也指端午节前气温变化无常，时寒时暖。

未霜见霜，粜米人像霸王

未霜：未到霜降，霜降是二十四节气之一，在阳历 10 月 23 或 24 日。粜：卖出（粮食）。指未到霜降就下霜，预兆来年农业受灾，粜米的人要狠狠地抬高米价。

未蛰先雷，人吃狗食

蛰：惊蛰，二十四气节之一，在阳历 3 月 5 日或 6 日，此时气温上升，春雷始鸣，蛰伏越冬的动物开始活动。指惊蛰还没有到就响雷，预示着农业将要遭灾，粮食将要歉收。

文臣不爱钱，武臣不惜死

意谓指文官要做到不贪图钱财，武官要做到不贪生怕死。

我有黄金千万两，不因亲者却来亲

指只要有钱，没有亲戚关系的人也会来认亲。

屋要人支，人要粮撑

说明房屋没有人住便会倒塌，人若离了五谷粮食便不能活命。

无本难求利

指没有本钱就做不成生意，就不能谋取利润。

无官不贪，无商不奸

古时说明官场里的人没有不贪污的，经商的人没有不奸猾的。

无禁无忌，黄金铺地

禁、忌：迷信的人认为犯忌讳的话和活动。指如果人们不迷信，家道自然富足。

无酒不成市

指没有酒肆、酒家，集市就不像个集市。

无林无木，山区不富

指山区要想富起来，必须先植树造林。

无米莫养猪，无钱莫读书

指没粮食养不出肥猪，没钱进不得学堂读书。

无农不稳，无工不富，无商不活

指一个国家，如果没有农业，人民生活就安定不了；没有工业，国计民生就富足不了；没有商业，社会经济就活跃不了。

无钱逼死英雄汉

指任何人没有钱都得受困受制。

无钱卜不灵

指不出钱,占卜问卦也不灵验。比喻没有钱什么事都做不了。

无钱拣故纸

故纸:旧纸,指旧藏的契约。没钱用时,翻拣旧契约,清点应收的账目。

无钱时后悔就来不及了

意在劝说人们,要勤俭节约,不要奢侈浪费;要多积储一些,以防不测。

无钱同鬼讲,有钱鬼也灵

指没钱时,连说话也没人听;有钱时,连鬼也使得动。比喻金钱可以买通一切。

无事趁圩小破财

趁圩:赶集。指既然去赶集,总免不了要花钱。也指小的花销也得注意节约。

无私不成事

指旧时官府办事,"私"字当头,不用钱财贿赂,办不成事。

无盐不解淡

指只有盐才能解决淡这个问题。比喻不用钱就办不成事。也比喻只有抓住问题的关键所在,才能迎刃而解。换句话说,要想从根本上解决问题,就必须抓住实质性的东西。

无有肥仙人、富道士

指世上没有哪个神仙、道士是拥有大量钱财的。

无债一身轻

指不欠别人债,身上没有负担,就感到十分轻松。

五谷天下宝,救命又养身

五谷:泛指粮食。指五谷粮食是世上最宝贵的东西,人们靠粮食养身立命。

五月及泽,父子不相借

指五月种麻,要抓紧雨水润泽的有利时机,即使亲如父子,也不相假借。也指五月种麻,要投入全部体力和精力,即便是父子也不相让。

五月旱,不算旱,六月连雨吃饱饭

指阴历五月,正是收麦碾场时节,最怕下大雨;六月间秋田成长,需要大量雨水。

武艺不能俱全

指人的本事不能每样都齐全。

物定主财,货随客便

意谓财物属主人支配,货物随客人选择。

物见主,必定取

指主人一旦发现自己丢失的物品,必定会来索取。

物离乡贵

指东西离开产地就显得贵重。比喻物品运出产地,价格就会提高,就显得贵重。

X

稀为贵，多则贱，早入口的桃子鲜

指物以稀为贵，多了便不值钱；最先得到的东西常常最稀罕。

媳妇到门前，还得个老牛钱

指娶媳妇花销很大，即使把媳妇迎到了家门口，还得花费钱。

媳妇多了吃冷饭，头头多了事难办

指媳妇多了，互相依赖，都不愿意做饭；领导多了，互相牵扯，事情难办。

瞎子见钱眼睛开

指瞎子看不见东西，但把钱放在他面前，就可以立刻恢复视力。比喻金钱对人有非常大的诱惑力。

夏草是金，秋草是银

指夏秋两季，草木茂盛，易于放牧牲畜。

夏则资皮，冬则资絺

资：贩卖。絺：夏布。夏天贩皮裘，冬天贩葛布。意谓未雨绸缪，方能防患于未然。

仙人难断叶价

指春天气温变化不定，气温直接影响桑叶的生长，所以再有本事的人也不好预测桑叶的价格。比喻市场价格变幻多端，难以预测。

先尝后买，知道好歹

指在零食摊上，先尝再买，不会上当受骗。比喻办事要先调查研究，不要贸然行事。

先丑后不丑

指涉及物质利益时，要把丑话说在前头，免得以后麻烦。

先看后定，免得撮笨

定：商订契约等。撮笨：受骗。指先看好要买的东西，然后再签订合同，才不致上当受骗。

先生讲书，屠夫讲猪

指人各有专长，教书的人善于讲读书的事，杀猪的人善于讲猪的事情。

闲得住骡子，闲不住人

骡子能闲住，人却闲不住。比喻人总得干活，不能整天悠闲。

闲来置，忙来用

指不等用时就把所需之物买来，到需要时才好派上用场。

现钱买的手指肉

指手头有现钱，手指到哪块肉，就能买到哪一块肉。也指用现钱想买什么就可以买到什么。

现在人养林，日后林养人；无灾人养树，有灾树养人

指植树造林，可以致富、可以备荒，是造福后代的千秋大计。

乡村四月闲人少

四月:指农历四月。指农家四月,正是大忙季节,男女老少都投入到农业生产劳动中,没有闲散的人。

向阳花木早逢春

向着阳光的花草树木发芽开花就早。意指借助有利条件多得好处。

小财不去,大财不来

指要想得到大的收获,必须得付出一定的代价。

小孩盼过年,大人愁腊月

指穷人家的小孩子盼望过年可以有好吃,而大人却为腊月还钱和购置年货而发愁。也指小孩子爱热闹,跟富人家的孩子一样都盼着过年,但大人们因家境穷苦,一进入腊月,债主逼债,日子相当难熬。

小寒大寒,杀猪过年

小寒大寒:都是农历二十四节气之一,小寒在1月5、6或7日,大寒在1月20日或21日。指小寒大寒过后,该准备过年了。

小河有水大河满

比喻个体富裕了,集体随着也就富了。

小炉匠敢揽大瓷缸,怀里揣着金刚钻

比喻人敢于承担一件事情,必定是有一定的本事。

小人债,弗隔夜

小人:人品低劣的人。指欠下小人的债,从早到晚来讨,没完没了,最好不要与这类人有钱财往来。

小账不可大算

指小账如果单宗看,数目不大,但日积月累,数量却非常巨大。

心平斗满不欺人

指买卖交易要心存公正,量谷与人,斗满不欺。也泛指待人处事,要持心公正。

新三年,旧三年,缝缝补补又三年

形容穿着非常俭朴。

兄弟虽和勤算数

指兄弟虽然和睦亲善,但在钱财上必须算清。

秀才无假客无真

客:往来贩卖的客商。指秀才没有假的,客商没有真的。旧指客商不作假就赚不了钱。

袖里来袖里去

比喻暗地里的交易。

许的愿多,遭的难多

指向神佛祈福,许的愿越多,花钱就越多,没有一点好处。

学得薄技在手,胜似腰缠万贯

贯:古时一贯等于千文。指只要能学会一门小技术,生活就会得到保障,这比拥有大量的钱财可靠得多。

学木匠先凿空，学铁匠先打钉

木匠凿空，铁匠打钉，都是最基本的功力。指各行各业都得从基本功学起。

学艺不亏人

有一门技艺在手中，不会吃亏。

血汗钱，万万年

指通过吃苦挣来的血汗钱，是最经受得住使用的。

鸭生蛋种田，鹅生蛋过年

指鸭在二三月下蛋，鹅在新年前后下蛋。

鸭子肥不到蹼上去

蹼：鸭类脚趾中间的薄膜。指鸭子再肥，蹼不会肥。旧时比喻财富再多，也没有穷人的份。

牙关不开，利市不来

利市：生意顺利。古时的习俗，早上起来打开店门，店主先吃点喝点，图个吉利。

衙门的钱，下水的船

旧时指进衙门打官司，花钱就像流水漂船一样快。

咽喉深似海

指人的咽喉好比大海一样深，能吞掉很多东西。也指只是坐吃，再多的钱财也会花完。形容饮食方面的花费是相当大的。意在劝人生活要俭朴，要节俭，不要大吃大喝，过分浪费。

咽喉深似海，日月快如梭

梭：织布时牵引纬线的工具，两头尖，中间粗。人每天要吃喝，时间过得飞快。意谓人如果没有长远打算，只是坐吃，再多的钱财也将耗尽。

言不二价

说话不两个价，即货物定价后不能变更。意谓说话算数。

言多语失皆因酒，义断情疏只为钱

指贪酒的人往往失言惹祸，爱财的人常常不认亲朋。

研桑心算

研：计然，春秋时人，提出农业理论。桑：桑弘羊，汉时人，著名理财家。指计然和桑弘羊都善于计划经济。

盐紧好卖，贼紧好偷

盐紧缺时好卖出，贼要是手头上缺钱就会偷别人的东西。

眼经不如手经，手经不如常舞弄

经：经过，指看过或做过。舞弄：比划，做。看不如亲自做掌握得好，反复经常地做则掌握得更好。指学习技艺，重在反复实践。

燕子含泥垒大窝

垒：用砖块、泥土等堆砌或筑造。意谓一点一滴的积累，就可以积少成多。

羊毛出在羊身上

羊毛是从羊身上剪下来的。比喻商业活动中顾客永远不会在价格上占便宜。

养马比君子

指跟随主人征战的良马，能与主人共同渡过难关。

养猫捕鼠，蓄犬防家

指养猫是用来逮老鼠，养狗是用来照看门户。

养小防备老，栽树要荫凉

指养育儿郎为了防老，栽种树木盼的乘凉。也泛指付出心血，希图得到回报。

养驯的鸽子卖不完

指驯养成性的鸽子，卖出去又会飞回来，再卖也卖不完。比喻用高明的手段做买卖，可以永远挣钱不亏本。

养羊种姜，得利相当

指养羊和种生姜，得利不相上下。

养鱼如炼银

指养鱼要时刻经心，就像炼银一样。

养账如养虎

借钱过日子就好像在身边饲养老虎一样，自己为自己埋下祸患。意在劝人最好不要借债。

养猪不赚钱，回头望望田

指农家养猪，虽无现钱可赚，但猪粪下到地里，会使农作物丰产。也指养猪的主要目的是为了丰产。

养猪要养荷包肚，养牛要养爬山虎

荷包肚：肚囊大。爬山虎：前身高而阔，后身矮而窄。指养猪要养吃得多的，养牛要养膂力大的。

样样通，样样松

知道得多就很难样样都精通。告诫人要专攻学问或技艺，不可以贪多而不求精。

腰缠十万贯，骑鹤上扬州

贯：古时的制钱，千钱为一贯。指扬州繁华富饶，风景优美，是人们向往的地方。

腰间有货不愁穷

货：财物。有钱就不会害怕贫穷。比喻有准备就不怕遇到困难。

腰中有钱腰不软，手中无钱手难松

指有钱腰杆子就硬，没钱就不好放手办事。也指钱是人的胆，有钱胆壮，无钱没胆。

摇钱树，人人有，就是自己两只手

摇钱树：传说中的宝树，只要摇一摇，就会有钱落下来。指人的两手就像摇钱树一样，只要勤快，就能挣来钱用。

药农不知草名,渔翁不知鱼名

以采药为生的人不一定能识尽全部的药草名,以捕鱼为生的人不一定叫得出全部的鱼名。指专业人员对他所从事的工作未必了如指掌。

要吃鱼鲜,就不怕下海

要想吃到鲜鱼,就得亲自下海捕捞。比喻要办成事情,就得亲自体验艰辛。

要得富,险上做

意谓要想发财致富,就得冒风险。

要得穷,翻毛虫

意谓游手好闲,一味玩弄虫鸟,必定变穷。

要的般般有,才是买卖

指顾客需要的商品都有,才算得真正的做生意。

要发财,去做官

旧指当官最能捞到大钱。

要发家,种棉花

指种棉花利国利己,要想富裕,就得多种棉花。

要和人家赛种田,莫与人家比过年

要和别人比劳动,不要攀比享受。

要钱不要命

意谓为了钱财宁可不要性命。

要是不图三分利,谁爱早起爬五更

如果不是为了得到好处,谁也不乐意起早贪黑地苦干。

要想长远富,莫忘多栽树

指植树造林是长久致富的好办法。

要想吃饱饭,就得流大汗

要想过上好生活,就得付出辛勤的劳动。

要想发得快,庄稼带买卖

指边务农、边经商是发家致富的捷径。

要想风沙住,山上多栽树

在山上多种树木,就能挡住风沙。

要想富,快栽樱桃树

指樱桃是果类中的上品,味美营养丰富,销路广,经济价值高。

要想富,先修路

要想致富一定要先修好路。交通便利是发家致富的一个重要条件。

要想富得快,最好做买卖

经商做买卖是快速致富的捷径。

要想日子富,鸡叫三遍离床铺

指生活富裕依靠的是勤苦,天还没有亮就要起来劳动。

要想赚钱,误了秋收过年

指秋收大忙,过年时一般人回家团聚。也指赶脚的为了多赚钱,抓住这两个时节出工。

椰子椰子,一年育苗,五年结子,十年成荫

指椰子树长得很快。

爷有不如娘有

爷:父亲。指在花钱方面,爹手头有,不如娘手头有,讨取方便。

爷有娘有,也要开口

爷:父亲。指即使亲爹亲娘手里有钱,你用钱时也要张口去要。也指想花钱的时候只有自己手头有才方便。比喻用别人的东西总归不方便。

野草难肥胎瘦马,横财不富骨中贫

古时认为命中注定受穷的人,即使有意外的大宗钱财到手也富不起来,就如同再好的草料也喂不肥暴瘦的病马一样。

一不积财,二不积怨,睡也安然,走也方便

指不积钱财,不结仇冤,生活便无忧无虑。

一场春风,对一场秋雨

指来一场春风,就来一场秋雨。也指春风多秋雨。

一场官司一场火,任你好汉没处躲

意谓打官司和蒙受火灾都会让人倾家荡产。

一锄不能挖个井,一口不能吃个饼

一锄头下去挖不出一个井来,一口吃不下去一个饼子。指做事都有一个循序渐进的过程,不能急于求成。

一锄挖个金娃娃

期望可以轻松地获得巨大的收获。

一代不如一代

世代相传,一代比一代更差。意谓每况愈下。

一担河泥一担金,一担垃圾一担银

河泥:河塘里沉积的淤泥。指河泥和垃圾是好肥料,就像金银一样有价值。

一法通,百法通

精通某一方面的技巧方法,就能举一反三,通晓其他方面。

一肥遮百丑

指身体肥实能遮掩生理上的其他缺陷。也指人有了钱财就能掩盖种种不好的过去。

一分胆量一分福,二分胆量一分财

指想赚钱,就要有敢冒风险的胆量。

一分耕耘,一分收获

耕耘:耕地和除草,常用来比喻劳动或付出。付出一分劳动,就会得到相应的收获。有付出就有收获。

一分广告十分利

指做广告固然要花钱,但却能招徕更多的客户,得到更多的利润。

一分价钱一分货

价钱高的商品质量高,价钱低的商品质量差。指商品质量好坏体现在其价格上。

一分利撑死,十分利饿死

指做买卖薄利多销能发财,重利滞销要亏本。

一分钱钞一分货

指出多大的价钱就买多好的货。也指给多大的好处就办多大的事。

一分行情一分货

行情:指市场上商品的一般价格。根据所出的价格给予质量相当的货物。也指按质论价,货物质量好价格就高。

一富遮三丑

三:表示多。指人一旦有了钱,能遮盖住种种丑事。

一个钱要掂掂厚薄

意谓非常吝啬。

一家饱暖千家怨

指富裕的人家会遭到许多人家的嫉妒。说明旧社会有钱人家的钱财是从穷人那里搜刮来的。

一家富贵千家怨

指有钱有势作威作福的人会引起众多人家的憎恨。

一家富难顾三家穷

指一家再有钱也照顾不了多家贫穷。

一粒良种,千粒好粮

选择优质良的种子,粮食才能产量高。

一粒粮食一滴汗

形容粮食来得不容易。

一脸笑,三分财

指热情对待顾客,生意就容易兴隆。

一门不到一门黑

黑:不清楚,不了解。比喻各行各业都有自己的专业知识和体系,不接触就不会有所了解。

一年穷知县,十万雪花银

指旧时无官不贪,当一年县令,就可捞到白银十万两。

一年受灾,三年难缓

指农业上一年遭灾,多年都缓不过来。

一年四季可栽柳,看你动手不动手

指柳树的成活率极高,只要动手栽,随时可活。

一年之计,莫如树谷;十年之计,莫如树木;终身之计,莫如树人

树:培植,培养。指作一年的打算,最好种谷;作十年的打算,最好栽树;作百年打算,最好培育人才。

一年庄稼两年种

指种庄稼要有长远打算。

一钱不落虚空地

指用钱时绝不可以平白无故地浪费。

一钱为本

指每一文钱都是获利的资本。

一锹撅了个银娃娃,还要寻他娘母儿哩

撅:掘。意谓贪心不足,贪得无厌。

一人善射,百夫决拾

决拾:同"抉拾"。古时射箭的用具。一个人射箭射得好,很多人也都跟着学射箭。

一日不识羞,三日不忍饿

指为了填饱肚皮而顾不上羞耻。

一手交钱,一手交货

指双方所进行的是现金交易。比喻在做生意过程中,双方干脆利落、不拖泥带水。

一天省一把,十年买匹马

指一天节省一把米,十年节省下来就可买一匹马。比喻积少可以成多,节俭可以致富。

一文不值半文

意谓货物打折甩卖。

一文钱逼死英雄汉

指任何人都依靠金钱生活,没有钱,再有能耐的人也会陷入困境。

一文钱难倒英雄汉

一枚铜钱,也会使英雄感到为难。也指即使是非常有本事的英雄好汉,如果没有钱,也很难办好事情。极言金钱的重要性。比喻对待钱财必须爱惜。

一物不成,两物现在

指生意没有成交,但双方的钱物仍在。常比喻事情虽没有办成,但双方的利益都没有受到损害。

一心为老娘,羊肠小道也宽广;一心为钱财,就是大道也过不来

指敬老尽孝,前途广阔;只贪钱财,没有出路。

一夜只盖半夜被,米缸做在斗笠里

斗笠:用竹篾夹油纸或竹叶做成的一种尖顶帽子。常用来形容生活的贫穷。

一艺顶三工

意谓技术性强的工作的收入要大大超过普通类型工作的收入。

一招鲜,吃遍天

有一样技艺在手,走遍天下都会吃香。

衣是人之威,钱是人之胆

指衣裳能表现仪态的庄严,钱财能给人壮胆。

移树无时,莫教树知

指移栽树木没有特定的时间,只要不让树感觉到移动就可以成活。也指移树关键是不伤根须,不去原土。

义不主财,慈不主兵

主:主持,掌管。指重情义的人不能掌管钱财,心肠软的人不能率领军队。

艺多不压身

指多学几样手艺,只有好处没有坏处。

艺高人胆大

指人的技艺高超、本事大就敢于承担别人干不了的活儿。

艺高身价贵

指人技艺高强,身价也随之提高。

艺人不富

指古时的江湖艺人,只能靠卖艺养家糊口,很难发家致富。

易得不是宝,是宝不易得

指容易得到的,不是宝物;真正的宝物,很难得到。也指宝物稀少,不能轻易到手。

寅吃卯粮,先缺后空

指寅年吃了卯年的口粮。比喻预先支用了以后的收入,形成亏空。

银钱到手非容易,用尽方知来处难

指钱到手后不要挥霍,要知道它来之不易。

银子不打眼,又会说话又会喊

指银钱虽是死东西,但用它托人情办事,却比人说话灵验得多。

樱桃、桑椹,货卖当时

指樱桃和桑椹,只适合鲜卖,不能长久贮存。也指热货要热卖。也比喻人际间钱财权势的交往,不会久长。

赢来三只眼,输去一团糟

三只眼:形容人精明。指赌博赢了显得格外精明,赌输了便十分窝囊。

羸牛劣马寒食下

羸:瘦弱。寒食:节令名,在清明前一天。指瘦弱的牛马不容易逃过寒食节的关口。也指瘦弱的牛马最需调养。

用贫求富,农不如工,工不如商,刺绣文不如倚市门

古时指穷人要变富,只有从事下等职业:男的去做生意,女的倚门卖笑。

用人的钱嘴软,欠人的债理短

指受人钱财,就得受制于人。

用时不当,当时不用

当:承受,承担。有了本事不一定能立马用,要用本事时却还没有学好。意思是要提前学好本事,以备急用。

由俭入奢易,由奢入俭难

应养成节俭的习惯,铺张浪费成为习惯后不容易改变。

有本不愁利

指有了本钱就不愁谋不来利。比喻做生意,本钱是基础。

有本得利生

指要谋求利润,首先得有本金。

有膘是好马,有钱是好汉

旧指有钱便有声望,无钱做不出慷慨的事。

有地不愁苗,有苗不愁长

指只要有了地就不用发愁没有庄稼苗,有了幼苗就不用发愁长不大。也比喻有了孩子就不用发愁他长不大。

有多大本钱,做多大生意

指做生意要根据本钱多少来安排。也指有多大本事,就做多大的事情。

有根的多栽,有嘴的少养

指多种树木,可以发展经济;少添人口,可以节约开支。

有货不愁无卖处

指只要有货物,总会有买主。比喻是女子,总会有人爱。

有货穷不了客

指只要身边有货物,就不担心没钱。也比喻只要猎物在伏击范围之内,就不担心没有收获。

有脸莫讨米,无钱莫告状

指要面子就别向人伸手,没银钱就别告状打官司。

有了钱,万事圆

古时指只要舍得使钱,任何事都能圆满解决。

有买有卖,就成买卖

指一家愿买,一家愿卖,就构成了买卖。也指两厢情愿的事,就是合乎情理的。

有千年产,没千年主

产:家产,产业。有千年不变的产业,没有千年不变的业主。指财产的所有权总是在不断变化的。

有钱不花,掉了白搭

指有钱应该舍得花,一旦钱丢了,想花也没得花了。

有钱不买张口货

张口货:张口吃饭的人或动物。有钱也不会雇用只知张口吃饭不知出力干活的人。

有钱不消周时办

周时:一日一夜。指只要有钱,不管要什么,很短时间内都可以办好。

有钱不置冤孽产

指不拿钱购置有官司纠纷的产业。

有钱不住东南房

东南房:四合院里的东房和南房,东房夏天太阳照射的时间长,比较热;南房冬天正朝着西北风,比较冷。指有钱人不住东房和南房,冬天冷,夏天热。

有钱常记无钱日

指有了钱的时候,不要忘记没钱时的困难。也指生活中时刻要注意节俭。

有钱的人是过年,穷人是熬年

古时过年,有钱人家花天酒地,穷人则处处躲债日子相当难熬。

有钱的是财主,有势的是官府

指财主钱多,官府势大。

有钱的王八大三辈

王八:乌龟或鳖类的俗称,用来喻指卑劣的人或依仗财势欺负他人的人。古时指有了钱,品格再卑劣的人也变得高贵而受人尊敬。多用来骂人。比喻不管是谁只要有钱就会得到别人的尊敬,就会有人奉承。

有钱弗买半年闲

指有钱不买半年之内用不着的东西。也指有钱应充分周转生息。

有钱高三辈,无钱公变孙

指钱财可以决定人的身份和地位。

有钱好办事,家宽出贤人

指有了钱,家道宽裕,便能行善积德。

有钱活仙人,无钱活死人

指富人像神仙一样生活过得逍遥自在,穷人过的是则是地狱一般的生活。也指古时的贫富悬殊。

有钱将钱用,无钱将命挨

指旧时官司诉讼,有钱的凭钱行贿,无钱的拿命顶着。有钱财的人犯了罪可以免于死刑。

有钱买得人心软

指钱能让人回心转意。

有钱买得手指肉

指买肉时,只要舍得花钱,手指到哪里,就能买到哪里的肉。比喻只要舍得使钱,任凭什么难得的东西都能得到。

有钱没钱,光头过年

古时不论有钱没钱,过年时必须剃头刮脸,把全身收拾干净收拾整齐。

有钱男子汉,无钱汉子难

难:与“男”谐音。指有钱以后,可以潇洒慷慨;没有钱,哪怕英雄好汉也只能低头为难。

有钱难买不卖货

有钱难以买到别人不愿出卖的货物。意谓别人不愿干,强迫也没用。

有钱难买不死方

指金钱再多,也买不到长命百岁。

有钱难买回头看,头若回看后悔无

回头看:对做过的事回头检点。指养成做事检点的习惯,便省去种种后悔的苦恼。

有钱难买五月旱,六月连阴吃饱饭

指农历五月天气晴朗,有利于秋田夏收;六月下雨多,有利于秋田里的禾苗生长。

有钱能使鬼推磨

旧指金钱万能,只要有钱,任什么难办的事情也能办到。

有钱娶伴大

伴大:儿子很小,娶比他年长很多的姑娘作媳妇,陪伴着他长大。古时指有钱人家娶伴大,为的是照料自家幼童,却坑害别人家的姑娘。

有钱三尺寿,穷命活不够

三尺寿:形容短命。古人指七尺汉子,五尺之童,三尺婴孩。指有钱人常短命,穷苦人却往往长寿。

有钱神也怕,无钱鬼也欺

古时指金钱决定人的地位。也指有钱的人受人敬畏,没钱的人受人欺压。形容金钱可以办到一切事情。

有钱使得鬼动,无钱唤不得人来

指金钱的作用很大。比喻有钱就会神通广大,什么事情都容易办成。

有钱四十称年老,无钱六十逞英雄

指有钱的中年人到四十岁就自称年老了,而没钱的老人到六十岁还得跟青年人一样卖力谋生。

有钱通神

旧时认为有了钱,任何难办的事都可办成。

有钱无子非为贵

古时认为有钱没有儿子,产业无人继承,称不上是真正的富贵人家。

有钱一时办,无钱空自喊皇天

指有钱事情马上可办成,没钱呼天抢地也无用。

有钱有酒多兄弟,急难何曾见一人

指人富有时身边围有很多人,但遇到困难时身边却没有一个人。

有钱诸事办

指只要有了钱,不论什么事情都能办得到。

有钱走遍天下,无钱寸步难行

旧指有钱到处通行无阻,事事如意;无钱到处碰钉子,事事作难。

有勤无俭，好比有针无线

指只勤劳不节俭，永远不会发财，就像只有针没有线，永远也做不成一件衣服一样。

有权的使权，没权的用钱

旧时指办事靠的是权和钱。

有人斯有土，有土斯有财

斯：则，就。有了人手就有了土地，有了土地就有了财源。古指要想发财致富就必须人丁兴旺。

有天大的银子，就不怕地大的官司

古时指只要舍得花钱，再麻烦的官司也能打赢。

有同行的货，没有同行的利

指在生意场上，商品可以是一样的，但获利的薄厚却各自不一样。也指做生意全靠商人自己的本事。

有香有纸，还怕请不动神

指请神要烧香烧纸。旧时比喻只要送财送礼，就没有买不通的官衙上司。

有心拜年，过了寒食也不迟

寒食：节名，清明前一天。指只要诚心实意地敬人，时间或早或晚都没有关系。

有眼牙人无眼客

牙人：也称牙客，旧时集市上倒贩货物的中间人。指做生意人眼盯着钱，顾主却经常是睁着眼受骗。

有银用银，无银用力

指有钱的用钱办事，没钱的出卖苦力。也指没有钱只有依靠双手劳动而生存。

渔人观水势，猎人望鸟飞

泛指人总是注意观察、研究与自己所从事的职业相关的情况。

与其欠钱，不如卖田

指宁肯卖掉田产，也不要向他人借债。也指借债要付息，最容易变穷。

雨打墓头钱，今年好种田

墓头钱：清明扫墓的纸钱。指清明时节有雨，庄稼就会丰收。

雨露不滋无本草，混财不富命穷人

无本：没根。混财：横财。古时指人要是命中注定受穷，就是飞来一大笔横财也不能富起来。

欲成家，置两犁；欲破家，置两妻

指要成家立业，就多置生产工具；要使家业破败，就多添几房妻妾。也指成家立业贵勤劳，贵一心。

越渴越吃盐

比喻越是没有钱，越是最需要花钱；也比喻越是没能力解决困难，困难越多。

云里千条路，云外路千条

指天上地下到处都是路。比喻办法有的是，就看找不找。

运气好,莫起早

指运气好钱财就来,并不在于勤奋早起。古时认为钱财上的得失,全凭运气。

Z

栽树不管树,白受一场苦

栽树而不照管它等于白栽。比喻做事需有始有终,不可以虎头蛇尾。

攒钱好比针挑土,花钱好比浪淘沙

指积攒钱财很慢,就好比用针挑土,一点一滴地挖取;花钱却很容易,如同用手泼水,眨眼之间就用完。

赃官不打送礼人

指贪赃枉法的官员,不会拒绝人给他送钱财礼物。也指不会责难给自己好处的人。

早晚时价不同

指古时生意场中价格不稳定,随时都会有变化。

早知三日事,富贵一千年

指人要是早三天知道所发生的事情,那就会拥有无穷的富贵。

增钱不如再看

指在买东西的过程中,加点钱把货买到手,不如反复看货认准它。

债多不愁,虱多不痒

意谓负债太多反而不愁,就像虱子多了反而不感觉到痒一样。

债多了不愁,虱多了不痒

债多了愁也没用,虱子多了身上痒的感觉也就迟钝了。比喻问题太多没法解决,只好听之任之。

张口三分利,不给也够本

指买卖中,只要卖出商品,就有三分利;卖不出去有货在,也不亏本。也指提出问题并能解决它固然好,解决不了只当没提,也没关系。

张三有钱不会使,李四会使却无钱

指有钱的人不会用钱,会用钱的人却没有钱。

胀死胆大的,饿死胆小的

指胆大敢为的能挣大钱,胆小怕事的反而会贫穷潦倒。

账目清,好弟兄

指即使是亲兄弟,在钱财上也要账目清楚,这样才能保持良好的关系。

招钱不隔宿

隔宿:隔夜。指讨债的事是不可以拖拉耽误的。

折财消灾

折:折损,丢失。旧时认为丢失了钱财,可以消除灾祸。

珍珠玛瑙都出在鳖身上

比喻钱财不论多少,都得从主事人那里得到。

真桐油不晃荡，真财主不露相

指真正有钱的人，不露财主的真相，就像真桐油装在桶里并不晃荡一样。

争名者于朝，争利者于市

朝：朝廷，泛指官场。古时认为，官场上争夺权力，市场争夺财利。

争气不争财

意谓为了争到面子，而不在乎花钱。

争气发家，斗气受穷

争气：指奋发图强，为自己争口气。斗气：指与人比阔比富争出风头。指争气可以让人发家致富，斗气却让人倾家破产。

争着不足，让着有余

意谓你争我夺既伤和气又失钱财，你让我予既保持了和气，又不使财物受损。

挣钱不挣钱，先落个肚肚圆

古时指做小生意或出卖体力，不管能不能挣到钱，先吃饱肚子再说。

挣人钱财，与人消灾

指拿人报酬，就要替人办事。

正月斗钱，三月斗田

指南方旧时习俗：正月比穿戴，三月比插秧。

正月富，二月穷

古时农民过新年，要吃的丰盛，迎神祭祖，送往迎来。到了二月，青黄不接，便度日艰难。

只有买错无卖错

指货真货假，卖者心中有数，所以只有买主买错了货，没有卖家卖错了货的。

只有勤来没有俭，好比有针没有线

意指就好比有针没有线缝不成衣服一样，只有勤劳没有节俭就积攒不起家业。

只栽不管，打破金碗

植树造林重在管理，否则会毫无收益。

只增产，不节约，等于安了个没底锅

指增产和节约不可分割，只增产，不节约，就像没底锅一样无法积存。

指亲不富，看嘴不饱

依靠亲友帮助富不了，看着别人吃东西饱不了。指凡事要靠自己，不能把希望寄托在别人的身上。

种地不看天，不收别叫冤

指种庄稼必须遵守农事节令，随意胡来的话，就没有收成。

种地不上粪，等于瞎胡混

指种地肥料当先，没肥料就长不好庄稼。

种地的亮犁铧，打猎的亮弓箭

指干哪一行，就不能没有哪一行用具的摆设。

种地莫过主，知子莫过母

指最了解土地的是土地的主人，最了解儿子的是儿子的母亲。

种豆防饥，养儿防老

古指生儿育女，为的是有人能为自己养老送终，就如同种庄稼为的是吃饭一样。

种肥田不如告瘦状

指旧时刁民兴讼讹诈钱财，比种肥田好地得到的都多。

种好一粒谷，三年收满屋

指稻谷的产量高，只要勤于耕种，就可以丰收。

种禾得稻，敬老得宝

指种下禾苗，就能收获稻米；敬重老人，就能取得宝贵的经验和丰富的知识。

种田不如见少年，采桑不如嫁贵郎

古时指妇女种田养蚕，比不上嫁个富贵人家可以坐享荣华富贵。

种田不着一年荒，养子不好一世荒

指种田没有种好，一年的收成就会荒废；养子若没有教育好，就会一辈子不成才。

种田先做岸

指种低田要先筑围堤，以防水淹。也比喻做事要预先有防备。

种田有良种，好比田土多几垅

指种庄稼只要注重改良品种，可以大面积增产。

种庄稼，不用问，除了工夫全是粪

旧指种庄稼没什么学问，只要勤下工夫多上粪就行。

种庄稼，看行家

行家：精通某行业务的人。指种庄稼大有学问在里头，不精通也种不好。

猪多肉贱

贱：价格低。意谓人或事物多了就不值钱。

赚钱的不出力，出力的不赚钱

指做买卖靠的是机遇、信息和运筹，不是力气。也借指人的机遇好，不用费力就能得到好处；机遇不好，出力也不顶用。

赚钱好比针挑土，用钱犹如水推沙

意谓钱财得来很艰难，花费却非常容易。

庄稼不丢，五谷不收

古时认为庄稼在收获的时候，免不了有抛撒；如果一点不丢，那就预示着将有荒年。

庄稼不认爹和娘，深耕细作多打粮

指庄稼只认勤苦不认人，只要下工夫深耕细作就能多打粮食。

拙匠人，巧主人

拙：笨。匠人再有技术也得按主人的爱好需求去做。

浊富莫如清贫

指富得卑鄙、丑恶，不如穷得清白、高尚。换句话说，宁可清贫自乐过贫困的生活,也不可跟恶人同流合污,干见不得人的事、过富贵的生活。

子孙不如我,要钱做什么;子孙胜于我,要钱做什么

指不用给子孙后代积攒钱财、留产业。

子息是有钱买不到、有力使不出的

指生儿子不由人,有钱有力都不顶事。

子用父钱心不痛

意指因为所花费的钱不是自己挣来的,所以不知节俭。

自古无钱卦不灵

说明从来算卦都得先花钱,不花钱的卦便不灵验。也指算卦只不过是为了骗钱。

自古雄才多磨难,纨绔子弟少伟男

纨绔:富人子弟穿的用细绢做的裤子,借指有钱人的子弟。意谓杰出人才多磨难,富人子弟少作为。

自说自好烂稻草

指喜欢自夸的人一文不值。

自不自在,腰里缠布袋

布袋:此指裹银钱的包袱。指只要包里有钱,不论走到何处都受用。

左手不托右手

形容委托他人过手钱财,要极为谨慎。也比喻银钱宝物,再亲近的人也不能轻易托付。

左眼跳财,右眼跳灾

古时认为眼皮跳会有兆头:左眼跳时,预示有财源;右眼跳时,预示有灾祸。

佐饔者尝焉,佐斗者伤焉

帮人烹调的能品尝菜肴,帮人斗殴的会受到损伤。指做事要注意利害得失。

坐吃山空,立吃地陷

比喻只吃不做,再大的家业也会用完。也比喻如果只消费,不生产,再多的家业也会用完。

坐船不打过河钱

古时的渡船规矩,坐船的不等船到对岸就要交渡钱。

做年碰见闰月

闰月:农历三年一闰,五年两闰,十九年七闰,每逢闰年所加的一个月叫闰月。古时按年计算工钱的长工遇到闰月,就得多干一个月。意思是运气不佳。

卷五　家庭　人际　交往

A

阿谀人人喜,直言人人嫌

阿谀:为迎合对方而说奉承的话。阿谀奉承的话容易讨人喜欢,刚正直言往往惹人嫌弃。指世人多喜欢奉承,厌恶直言不讳。

挨金似金,挨玉似玉

比喻接近好的人物会使人受到好的影响。

挨着勤的没懒的

指靠近勤劳的人就会变得勤劳,不会懒惰。比喻和勤劳的人在一起容易养成勤劳的好习惯。

矮人看戏何曾见,都是随人说短长

指矮子站在一群人中看戏什么也没看见,对戏的好坏评价都是随声附和的。比喻见识狭窄的人,对事物的评价缺少主见。

矮檐之下出头难

比喻在受人制约的情况下,很难有出头的日子。

爱他的,着他的

比喻爱惜同情一个人就容易上他的当。

碍了面皮,饿了肚皮

指由于怕伤情面而往往会使自己处于被困的境地。

按牛头吃不得草

比喻依靠强制的手段,解决不了问题,也不会有好的结果。

熬粥要有米,说话要讲理

指说话要有理有据,不能信口开河。

B

八两换半斤,人心换人心

八两:旧制一斤是十六两,八两即半斤。指诚心待人,就会受到别人的相同对待。

巴掌再大遮不住太阳,手指再尖戳不破青天

比喻权势再大的人也难以一手遮天,为所欲为。

拔出眼中钉,除却心头病

比喻除掉心中最仇恨的人。

拔了萝卜地皮宽

指萝卜拔掉后,地就空出来了。比喻除掉他人的力量或势力后,自己的活动地盘就更大了。

拔了毛的凤凰不如鸡

比喻有权势的人一旦失去权势和地位,他的处境还不如一般的群众。

拔了毛的凤凰也比鸡大

比喻有权势的人,即使失去了权势,其影响力也比普通人大得多。

白刀子进去,红刀子出来

比喻持刀行凶,杀人见血。

白发故人稀

指人老了以后,老朋友就越来越少了。

白了尾巴梢的老狼不好打

比喻老奸巨猾的敌人很难应付。

白马好骑要有鞍,大路好走要有伴

比喻在什么情况下都必须有伙伴与帮手。

白面拌汤粘也好,女婿风流穷也好

风流:指有才学、有文采。女婿穷不要紧,只要有才学。泛指人最重要的是要有真实本领。

白日便见簸箕星

比喻你死我活的拼杀。

白天无谈人,谈人则害生;昏夜无说鬼,说鬼则怪至

怪:迷信指鬼、妖或怪异之事。白天议论别人会招来是非,晚上谈论鬼怪,鬼怪便会来。指不要随便议论他人。

白头如新,倾盖如故

白头:上了年纪的人,也指彼此交往时间很长的人。倾盖:车顶上的伞盖靠拢在一起。即本不相识的人在路上相遇交谈,两辆车子紧靠在一起,叫伞盖相切。指相互交往很久,但彼此内心并不了解,像刚刚结识一样;如果是素不相识的人在道上相遇,停下车来聊一聊,相互了解后,倒觉得像见到了老朋友。比喻朋友之间贵在了解,贵在志向相投。

百把宝剑砍不掉志气,一句恶语能毁掉铁汉

告诉人们不要听信谗言恶语,否则便会伤害到自己。

百不为多,一不为少

容易得到的东西有一百件不嫌多,稀罕难得之物即使只有一件也不能算少。比喻难得的好人或好东西。

百家姓还不曾开簿面

比喻事情还没开始。

百年聚合,终有一别

指在一起很久,最终也要分开。

百年修得同船渡，千年修得共枕眠

百年、千年：概数，指很长时间。修：修行。指经过很长时间的修行才能有缘乘坐同一条渡船，才能有幸成为一对夫妻。指人要珍惜缘分。

百人百条心

指不同的人有不同的想法与个性。

百心不能得一人，一心可以得百人

指对人一心一意就可得到大家的认同。

百足之虫，死而不僵

原指马陆这种虫子被切断致死后，仍然蠕动的现象。比喻有权势的人或集团虽然已经败落，但其势力与影响依然尚存。

败家子不怕财多

比喻钱财再多也经不起铺张浪费。

败子回头便作家

作：振作。指败家子改邪归正，就能兴旺家业。

败子回头金不换

比喻败家子回心转意、痛改前非比什么都可贵。

败子若收心，犹如鬼变人

指败家子如果要改邪归正，就如同将鬼变成人一样，相当困难。

拜德不拜寿

拜：表示敬意。指对人表示敬意，是因其德高而非年长。

稗子里剥不出白米，狗嘴里吐不出象牙

比喻坏的事物身上不会有优良的东西。

搬起石头打自己的脚

指搬石头想砸别人，却砸在自己的脚上。比喻存心害人，结果反而害了自己。

板板六十四

板：古代铸钱的模型，每板有六十四枚钱的模孔。比喻做事相当呆板，不灵活。

办酒容易请客难，请客容易款客难

指办酒席容易，要请客人来难；请客容易，要招待好客人难。

办事不由东，累死也无功

东：主人。指如果不按照主人的意见办事，即使累死，也没有功劳。

办事怕失礼，说话怕输理

指办事与说话都要合乎礼仪，讲清道理。

半斤鸭子四两嘴

鸭子的嘴是硬的，分量较重。比喻人废话太多。

半路夫妻赛冰霜

指再婚夫妻的感情冷淡，很难融合。

半路上出家

出家：离开家庭到庙宇去做僧尼或道士。比喻改变行业。

绊人的桩，不一定高；咬人的狗，不一定叫

比喻坏人很善于掩饰，我们要提高警惕，小心谨慎。

帮别人要忘掉，别人帮要记牢

指自己帮助过别人不图回报，别人帮助过自己则要铭记在心。

帮衬男人为光景，恩养儿女为防老

帮衬：帮助。帮助丈夫是为了过上好生活，养育儿女是为了将来老有所养。

帮好学好，帮坏学坏

指环境条件对人的成长很重要。

帮人帮到底，救人救到家

指帮助人要一帮到底，救助人要使他彻底脱离困境。

帮人帮到底，救人救个活

指帮人要使人彻底摆脱困境，救人要使人真正脱离险境。比喻好事要做到底，不能半路终止。

帮人要帮心，帮心要热情

指帮助别人要从思想上帮助他，要从思想上帮助他就必须对他十分热心。

帮人要帮心，帮心要知心；知心要交心，交心才知根

指帮助别人要从思想上帮助他，要从思想上帮助他就要先明白他的思想；要明白他的思想就要与他交流思想，这样才能找到思想的源头。

帮人一次忙，胜烧十炷香

指帮别人一次忙远胜于在佛前烧十炷香。比喻鼓励人们要多做好事。

帮人一口得一升，教人一命积善功

指做好事就会有善报。

帮艺不帮钱

指帮助别人学会谋生的手段要比给人钱财更有用。比喻如果要帮助别人，就要帮到关键处，从根本上解决问题。

宝剑赠与烈士，红粉送与佳人

烈士：古时指有志于建功立业的人。佳人：美女。指宝剑送给有志于建功立业的人，红粉送给美人。比喻赠送东西要注重对象，要送给最恰当的人。

宝珠玉不如宝善，友富贵不如友仁

指以珠玉为宝不如以和善为宝，与富贵为友不如与仁爱为友。

饱谙世事慵开眼，会尽人情只点头

谙：熟悉。慵：困倦。指世事经历的多了也就懒得过问，看透了人情世故就只会一味点头。比喻人老于世故，明哲保身。

饱饭好吃，满话难说

指人说话不能说得太过，要留有后路。

饱给一斗，不如饥给一口

斗：容量单位，一斗等于十升。在别人能吃饱的时候给他一斗粮食，还不如在饥饿之时给他一口饭。指帮助别人要帮在他最困难最需要的时候。

饱汉不知饿汉饥,好人老说病人虚

比喻生活安逸或得到某种满足的人体会不到处于困境中的人的痛苦。

饱人不知饿人饥

指处境优越的人,体会不到处境困难的人的痛苦。

饱食伤身,忠言逆耳

逆:抵触,不顺从。指吃得太饱,就会对身体有伤害;忠言劝告,听起来不顺耳。

饱食终日,无所用心

指整天吃得饱饱的,不爱动脑筋。

报喜不报忧

指只汇报好的不汇报坏的。比喻汇报情况不实事求是。

抱着葫芦不开瓢

瓢:舀水的器具。一般由对削的葫芦做成。比喻始终不开口讲话。

杯水之恩,江河还报

指即使受到很小的恩惠,也要厚厚地报答。

备席容易请客难

备:准备。席:成桌的饭菜,指准备成桌的酒席容易,而请到尊贵的客人可就难了。

背地不谈人,谈人没好事

比喻在别人背后议论的肯定没有好事情。

背地商量无好话,私房计较有奸情

计较:计议、策划。指在背后商量的话题肯定不是光明正大的,躲在私房里算计的事情往往与奸情有关。

背后莫道人短,人前莫夸己长

指在背地里不要说别人的短处,在别人面前,不要夸自己的长处。

背后忍饥易,人前张口难

指张口求人比忍饥受饿还要难。

背后之言,岂能全信

指在背后议论的事情,不可全信。比喻背地里议论的事情往往不真实。

背后之言听不得,哈巴狗儿骑不得

指背后的议论往往带有偏见,当面阿谀奉承的人往往有所图谋,都不可相信。

背人没好事,好事不背人

指背着人干的事情肯定是不光明的事,做好事不用偷偷摸摸地背着他人。

被头里做事终晓得

被头里:被窝里。指即使事情做得再隐秘,也终究会有人知道。

本家本家,海角天涯

本家:同宗族的人。海角天涯:形容极远的地方或彼此之间相隔很远。指即使相隔很远,本家的人仍旧是你最亲近的人。

笔直的木材用处大,爽快的人儿朋友多

指性格豪爽痛快的人,大伙都愿意和他结交。

闭口深藏舌，安身处处牢

指说话谨慎，就能安稳过日子。

蝙蝠不自见，笑他梁上燕

比喻没自知之明，反而嘲弄他人。

蝙蝠怕见天，贼人怕见官

指蝙蝠晚上出来活动，害怕看见光明；做贼的人害怕见到官府。

变戏法的瞒不了打锣的

打锣的最懂得变戏法的内情。比喻耍戏法瞒不过知情人。

表里如一人品好，口是心非不可交

表里如一：比喻思想与言行完全一致。口是心非：指嘴里说的是一套，心里想的是另一套，心口不一致。指思想与言行完全一样的人品行好；心口不一的人不可作朋友。

表壮不如里壮

表：指丈夫。里：指妻子。指一个家庭里丈夫有能力不如妻子贤惠，妻子贤惠可使丈夫免遭祸患。

别看笑面说好话，留心背后使暗攻

指告诉人们要提防表面伪装，背地里却使坏的人。

别人家的肉，哪里煨得热

比喻不是自己亲养的骨肉，总是不一条心。

别人求我三春雨，我去求人六月霜

三春：春季的三个月。别人求我，态度和蔼，礼数周全；我求别人，遭到冷落。指求人难。

冰炭不同炉，贤愚不并居

冰与炭不能放在一个炉子里，贤明之人和愚昧之人不能生活在一起。比喻矛盾对立的双方不能凑在一起。

病从口入，祸从口出

指饮食不注意要生病，说话不谨慎会惹祸。比喻疾病常常是因为饮食不讲究卫生、食物不干净而造成的；灾祸常常是因为说话不谨慎，言语欠思虑而酿成的。“病从口入”是此句的引子，总结生活教训的重点是说“祸从口出”。

剥葱剥蒜不剥人

指不要无偿占有别人的劳动果实。

簸箕大的手，掩不住众人的口

指即使再有权势，也没有办法不让群众议论，也指人言可畏。

不吃哪家饭，不操哪家心

指人不管闲事为好。

不痴不聋，不作阿家翁

家：通“姑”。家翁：阿婆，阿公，指婆婆与公公。指做公婆的不要过分指责儿媳妇，在一些事情上要装聋作哑，采取较为宽容的态度。也指做人不要过于工于心计。

不打不成相识

指不经过斗争或较量,彼此间不可能建立友谊。也指经过了一场较量,把问题完全暴露出来,便会相互谅解,最后成为朋友。

不打不相识

通过交手才能相互了解、赏识、交好。

不当家不知柴米贵,不养儿不知父母恩

指只有自己亲自当了家,才会知道操持一家人生活的艰辛;只有自己亲自生儿育女,才能体谅到父母对子女的恩情。

不对仇人哭,泪向亲人流

指心里的痛苦与冤屈不要对自己的仇人倾诉,只能对自己的亲人讲。

不干己事不张口,一问摇头三不知

指与己无关的事不去评论,即使有人问起,也假装不知道。比喻对与自己无关的事情不要轻易发表意见。

不患人不知,单怕不知人

患:担心,忧虑。指不必担心别人不知道自己,而要害怕自己不知道别人。

不会烧香得罪神,不会说话得罪人

指人说话办事要讲究艺术。

不结子花休要种,无义之人不可交

指不结子的花卉不要种,没有情意的人不可交往。

不看家中宝,单看门前草

指富贵人家门前车水马龙,贫贱之家却很少有人登门拜访。只要看门前的花草,就可以判断门内人家的贫富贵贱。

不看金刚,也看佛面

指不看和尚的情面也要看菩萨的情面。比喻处理问题要顾及到对方各方面的关系。

不看僧面看佛面

指不看和尚的面子,也要看佛的面子。借指不看当事人的情面,也要看他的长辈或其他亲友的情面。多用来恳求别人关照。

不来不去真亲戚

比喻真正的亲戚往来不一定多。

不骂天,就怨地

指不是责骂老天,就是埋怨土地。比喻做事情老是埋怨别人。

不怕不懂理,就怕不讲理

指不害怕有啥道理不明白,就害怕明白道理却不讲道理。

不怕倒运,全怕懒性

意谓懒惰成性比运气不好更可怕。

不怕该债的精穷,只怕讨债的英雄

该:欠。精:用在形容词前,表示“十分”、“非常”。只要要账的人足够厉害,再穷的人也得还债。指旧社会无力还债的穷人,应付不了手段毒辣的债主。

不怕红脸关公，就怕抿嘴菩萨

抿嘴：稍稍合拢嘴，形容微笑的样子。比喻性格刚直的人容易相处，假装慈善的人需要严加警惕。

不怕虎生三只口，只怕人怀两样心

比喻敌人的凶残强大并不可怕，可怕的是自己内部的人不团结。

不怕老虎狠，单怕老虎成群

比喻坏人如果勾结一起就会造成更大的祸害。

不怕明处枪和棍，只怕阴阳两面刀

指明处的侵害容易提防；阴一面阳一面，耍两面三刀，不好对付。告诉人们要注意提防搞阴谋诡计的人。

不怕明说，就怕暗点

有问题不怕人明说，就怕人在背后议论。

不怕闹得欢，就怕拉清单

指瞎胡闹不管用，重要的是把问题摆出来。

不怕你铜墙铁壁，只怕你紧狗健人

紧狗：紧守门户的狗。健人：强壮的人。指贼偷东西，并不害怕墙壁牢固，只是惧怕看门的狗与守门的壮汉。

不怕念起，只怕觉迟

指不怕脑子里有邪念或杂念，只怕醒悟得太晚。

不怕千日罪，只要当日悔

指一个人尽管做了许多坏事，但只要能真心改正就可以得到宽恕。

不怕人不敬，就怕己不公

只要自己待人对事处处公正，就不怕得不到别人的尊敬。

不怕外来盗，就怕地面贼

地面贼：指本地的贼。指外来的强盗由于不了解情况，并不可怕，真正可怕的是那些了解内情的本地贼。

不怕屋漏，就怕锅漏

指屋漏好防，锅漏难补。比喻如果家庭内部出现矛盾，那么造成的伤害会更加严重。

不怕硬的就怕横的，不怕横的就怕不要命的

横：粗暴，凶狠。指不顾死活，连生命都不顾的人是最不好惹的。

不敲背后鼓，要打当面锣

比喻说啥话都要当着面说，不要在背后议论别人，搞小摩擦。

不求同日生，只愿同日死

指不企求同一天出生，只希望能在同一天去世。比喻永远在一起，决不分离。

不求有功，但求无过

比喻不企望有成绩，只求无过错的消极处世的态度。也比喻不追求有什么功劳，只希望没有啥错误。

不是仇人不见面，不是冤家不聚头

冤家：原指仇人，也用作对亲人或情人的昵称。指冤家对头必定经常碰见，只有经常见面难免摩擦、争斗才会反目成仇。也指聚在一起的亲人或情人难免摩擦、冲突，如同冤家对头似的。

不是东风压倒西风，就是西风压倒东风

比喻对立的双方，不是这一方打倒那一方，就是那一方打倒这一方。多指双方争斗，总有一方占优势。

不是一家人，不进一家门

指有缘分的人才能成为一家人，也指性格、秉性相近的人容易聚到一块。

不是姻缘莫强求

指没有婚姻的缘分就不要强求对方和自己走到一起。

不是冤家不聚头

旧社会认为前世结成的冤家总是在来生相遇或相聚在一起。指相聚总有缘分。

不是知音话不投

指只有彼此相互了解的人，才能说到一起。

不图打鱼，只图混水

比喻借机制造声势与言论。

不图锅巴吃，不在锅边转

比喻人做啥事情总是有企图的。

不信直中直，须防仁不仁

指不要轻易地相信貌似正直的人，要小心他存心不良，背后使坏。

不行万里路，难见痴人心

比喻只有经历过长期的考验。才能真正了解一个人。

不要文章中天下，只要文章中试官

旧社会认为科考中举不在文章的好坏，只要合乎阅卷官心意就行。比喻对人或事只要相中就好。

不以言取人，不以言废人

指不能根据人说的话来决定是否录用。指选用人才不注重言谈，要看其行为。

不在被中眠，安知被无边

指不在被子里睡觉，怎会知道被子的宽大。比喻凡事不亲自调查就不可能知道事情的原委。

不知不罪

指对不知实情或无意触犯的人不要定他的罪。

不知者不作罪

比喻不应怪罪因不知道情况而犯错误的人。

不钻不透，不说不知

比喻事情不说不透彻，如同木头不钻不会穿透一样。

不做亏心事,不怕鬼叫门

指没有做过亏心的事情,即使鬼来敲门也不会惧怕。比喻人不做坏事,在什么情况下,都不惊慌害怕。

C

才高人忌,器利人贪

忌:忌妒。器利:器械锋利。此处指好东西。指有才能的人容易引起别人的妒忌,好物品容易引起人们的贪婪。

才人行短

旧社会认为人的才学好品行就差。

财帛如蒿草,义气重千斤

帛:丝织品的总名。指财帛像草一样轻,义气却有千斤重。比喻要重义轻财。

菜没盐无味,话没理无力

指话没有道理就没有说服力,如同菜里没有盐就淡而无味一样。

苍蝇集臭,蝼蚁集膻

指苍蝇总是聚集在有臭味的处所,蝼蚁总是聚集在有膻气的处所。比喻臭味相投的人总是勾结在一起。

槽里无食猪咬猪

比喻生活贫困的时候,人和人之间就容易发生矛盾。

草多不烧灶,虱多不压秤

指灶里的草再多,也不会烧坏灶头;人身上的虱子再多,也增加不了人的体重。比喻闲话再多也不起作用。

草间说话,须防路上有人

指在草丛中说话,要小心被路边的行人听见。比喻谈论秘密的事应注意有人偷听。

草怕严霜霜怕日,恶人自有恶人磨

磨:整治,制服。指作恶多端的人总有一天会受到比他更恶或更强的人的收拾。

茶水越泡越浓,人情越交越厚

指人和人之间的感情如同泡茶一样,越交往越深厚。

差人见钱,猫鼠同眠

差人:在衙门中当差的人。指差人见了钱,什么样贪赃枉法的荒唐事都能干出来。

拆东墙,补西墙

比喻为了救急而东借西补。

柴经不起百斧,人经不起百语

柴虽硬,但经不起百斧砍伐;人虽犟,但经不起众人劝解。指多人劝告或解说终可打动人心。也指风言风语多了,人们就会相信。

柴米夫妻，酒肉朋友，盒儿亲戚

柴米：泛指生活的必用品。盒儿：盛放物品的器皿。有柴有米，夫妻才能安稳度日；有酒有肉，朋友关系才能密切；礼品往来，亲戚关系才能融洽。指人和人之间的关系，要靠一定的物质基础来维持。

豺狼改不了本性，狐狸除不尽臊气

比喻恶人改变不了作恶的本质。

豺狼虽狠，不伤同类

指豺狼虽然狠毒，却不会伤害同类。比喻同事、朋友间不能互相伤害。

豺狼性恶，有钱人心狠

旧社会认为有钱人的心如同豺狼一样凶残毒辣。

搀要搀个瞎子，帮要帮个豁子

豁子：嘴唇裂开的人。扶瞎子走路，帮豁子说话。指在帮助人的时候，要帮助那些真正有难处的人。

谗言败坏真君子，冷箭射死大丈夫

比喻暗中害人的手段。诽谤的话会毁掉一个清白正直的人，暗中射出的箭会使一个刚正不阿的人倒下。比喻谗言、冷箭最为恶毒。

谗言误国，妒妇乱家

指谗言会耽误国家大事，妒妇会把家庭搅得不和睦。

娼不笑人娼，盗不笑人盗

娼：妓女。指做不光彩行业的人，彼此都不相互讥笑。

长话不如短说

比喻说话不要绕弯子，要开门见山直截了当。

长衫有人穿，长话无人听

指讲话要言简意赅，拖泥带水的话会令人心烦。

长舌乱家，大斧破车

长舌：比喻爱扯闲话，搬弄是非的妇人。指长舌妇破坏家庭和睦如同大斧能砍坏车一样容易。

常赌无赢客

经常赌博的人，最终没有赢钱的。指双方争斗后的结果是两败俱伤。

常在染房走，白丝变黑绸

比喻经常接触坏人，自然会染上坏毛病。

唱戏的不瞒打锣的

指合作者之间应以诚相待，互相配合。比喻相互关系密切，又要相互合作，即使有秘密也不必相瞒。

抄手无言难打孩儿

抄手：两手在胸前交叉，表示施礼。对于彬彬有礼、默默无言的孩子是很难动手打的。指遇事要和气有礼，默默忍让，就不会被人打。

朝里无人莫做官

指朝廷里没有靠山不要做官。比喻如果没有靠山的话就很难做官。

朝里有人好做官

指朝廷里有靠山的人容易当官。比喻当官的人如果有靠山支持,就能把事办成。

朝廷不差饿兵

比喻不能让人白白效力。

车动铃铛响

比喻一旦有人发动,大家就积极响应。

车多碍辙,船多擦边

比喻人多手杂,不利于做事情。

车快了要翻,马快了要颠

指做事不要一味追求速度,快容易出现错误,应该稳妥行事,才会有良好的效果。

陈叔宝全无心肝

比喻像陈后主那样不知羞耻。

撑船撑到岸,帮忙帮到底

比喻帮助人就要使其能彻底摆脱险境,如同所撑的船一定要靠岸一样。

成不成,吃三瓶

指不管事情是否办成,先要请客喝酒。

诚之所至,金石为开

指所到的地方,连没有情感、坚固不化的金石也会为之洞开。也指至诚可感动一切。

乘凉大树众人栽

指大家的幸福需要大家共同来努力。

乘马越换越好,妻子越换越糟

指乘坐的马匹适于替换,而妻子却不宜更换。

吃得亏,做一堆

比喻只有肯吃亏的人,才能和周围的人相处融洽。

吃多无滋味,话多不值钱

指再好的东西吃多了也会觉得没有滋味,再有道理的话说多了也失去了它的效果。

吃饭不忘种谷人,饮水不忘掘井人

指在享受时不要忘记创业者的艰难。

吃饭不在乎一口,打人不在乎一扭

指吃饭多吃一口少吃一口是小事,打架时被人扭一下胳膊也无关紧要。也指无关紧要的事,不需计较。

吃饭不知饥饱,睡觉不知颠倒,说话不知深浅

比喻不懂得人情世故。

吃饭的不打烧火的

指不能损害直接服务于自己的人。

吃饭的栈,睡觉的店

比喻只在家中吃饭睡觉,不关心家里的事情。

吃饭品滋味,听话听下音

指听人说话要注意领会话里的真正意图,如同吃饭要注意品尝饭菜的滋味一样。

吃酒不言公务事

指在喝酒的时候,不要谈论公事、政事,避免因酒后冲动而失语,引起不必要的是非。

吃苦菜,莫吃根;交朋友,莫忘恩

指朋友之间要讲情义,忘恩负义终究要吃亏。

吃了砒霜药老虎

指自己先吃了砒霜再让老虎来吃自己,以毒死老虎。比喻双方争斗时,因采取的方法愚钝,结果对方未受伤害,自己却已遭难。

吃了人家的嘴软,拿了人家的手短

指吃了人家的东西,用了人家的钱财,腰杆子硬不起来,遇事就得包庇人家,不能公正办事。

吃明不吃暗

指宁可吃明亏,不愿吃暗亏。比喻吃明亏是忠厚的表现,吃暗亏是受人玩弄。

吃拳须记打拳时

吃拳:被人打。在被别人打的时候,想想过去自己是怎么打别人的。指作恶终会有报应的。

吃人不吐骨头

比喻极端贪婪、凶恶。

吃人饭,拉狗屎

比喻恶人如同禽兽。

吃人家的饭,看人家的脸;端人家的碗,受人家的管

指受雇于人,就要听从人家的约束和使唤。

吃人家碗半,被人家使唤

比喻吃了人家的饭,就要受人使唤,为人效力。

吃软不吃硬

比喻只接受用温和方式提出的要求,抗拒强硬手段的强迫。

吃屎不知臭

比喻干了坏事还不醒悟。

吃谁向谁,恨谁打谁

指雇主是谁就替谁说话办事,恨谁就攻击谁。

吃水不忘掘井人

指吃水的时候要想到挖井的人。比喻要牢记创业者的艰难,不能忘本。

吃顺不吃强

指只接受好话,拒绝胁迫。

吃乌饭,痾黑屎

指吃的是黑饭,拉的就是黑屎。比喻吃谁的饭,为谁办事。

吃稀饭要搅,走滑路要跑

指处处小心谨慎,才可避免不必要的是非。

吃药不瞒郎中

郎中:指医生。指求医不能对医生隐瞒病情。比喻求人办事,就不能隐瞒自己的实际情况。

吃一个枣儿,许一个心

比喻赠送的东西虽小,却是一片诚心。

吃着谁,向着谁

比喻吃谁的饭,就得帮着谁。

痴男惧妇,贤女敬夫

指不中用的男人害怕老婆,贤惠的妻子敬重丈夫。

痴人面前,不必说梦

指对傻子说梦,傻子分不清真假,可能会认为是真的。也指面对痴人不必深究。

尺牍书疏,千里面目

尺牍:书信。书疏:信札、奏疏等。指书信与奏疏可以使相隔千里远的人相互交流沟通。

赤金难买赤子心

赤子心:纯洁无瑕、秉性纯真的心。指足色的金子也难买到真诚的心。

宠你捧你是害你,打你骂你是爱你

指没有原则的宠爱或奉承是有害的;严厉教导是真正的爱护。

仇报仇,冤报冤

指有仇报仇,有冤申冤。比喻冤仇一定要报。

仇恨宜解不宜结

比喻有了仇恨应该和解,否则会结下新的仇恨。

仇可解不可结

指有了仇恨只可化解,不能再结下新的仇恨。

仇人相见,分外眼红

分外:格外。指仇人见了面,双方都很激动愤怒。

仇有头,债有主

指冤仇与债务各有对头。比喻有仇要找仇人,讨债要找欠债的人。

丑话说在前边

指把不客气的话事先讲明白。比喻双方合作之前,先把需要说明的话,向对方毫无保留地表明,免得日后产生意外、引起误会。

丑陋夫人家中宝，美貌佳人惹祸端

指丑媳妇不招惹是非，会使家庭安定和睦；而家中有美貌的媳妇则会惹来一些是非。

丑人多作怪

旧指形貌丑陋的人做事多装模作样、稀奇古怪。也指相貌丑陋，可偏要梳妆打扮，到处露脸。比喻并无本领的人到处卖弄。

丑媳妇怕见公婆

比喻有某种缺陷的人，不敢在人前露面。

丑媳妇总要见公婆

指儿媳妇早晚得见公婆的面。比喻不能回避事实与矛盾。

臭猪头自有烂鼻子闻

比喻名声坏的人，也会有臭味相投的人接纳。

出马一条枪

比喻性格直率。

出门观天色，进门看脸色

指出门时要观察天气情况，以便及早做好防备；进门时要察言观色，看看人的脸色怎样，以便随机应付。

出门靠朋友

比喻出门在外，全靠朋友维护。

出头的椽子先烂

指出头的椽子由于风吹日晒，会先腐烂。比喻冒尖或领头的人最先遭祸殃。

初一一橹，初二一橹

橹：安在船艄上，使船前行的工具，形比桨大，用人摇。初一摇一橹，初二摇一橹。比喻做事拖拖拉拉，断断续续，没长性，也就没有效果，很难取得成功。

处家人情，非钱不行

比喻居家过日子总会有人情往来需要花费。

处君子易，处小人难

处：相处，交往。指与君子相处容易，但和小人打交道很困难。

穿青衣，抱黑柱

青衣：黑衣服。比喻人各向其主。

传闻是虚，眼见为实

比喻道听途说的都不能相信，只有亲身经历到的才真实可靠。

传言过话，自讨挨骂

传言：传闲话。指传闲话搬弄是非，是要遭到怒骂的。

船底不漏针，漏针没外人

指船底是连针也漏不掉的，假如在船上丢失了东西或走漏了风声，肯定是船上的人所为。比喻问题往往出在自己人身上。

船多不碍港。车多不碍路

指车船多不一定妨碍通行。比喻如果大家各行其是,有秩序地工作,人员再多也不会相互阻碍。

船头不遇,转舵相逢

指有缘之人总会相会。

船载的金银,填不满烟花寨

烟花寨:妓院。即使有再多的钱财,也不能满足嫖妓的花费。劝人不要进入风月场所。

窗破了当糊,人恶了当除

指窗户纸破了应该糊住,人要是无恶不作,就应该除掉。

床头打架,床尾讲和

指夫妻吵架,很快就会和好。

吹喇叭,抬轿子

比喻吹捧、奉承人。

吹牛不要钱,只要吹得圆

指胡吹乱侃很容易,只要你能自圆其说,也是能哄弄人的。

春宵一刻值千金

春宵:春夜。指亲朋好友或情人间欢聚的夜晚非常值得珍惜。

慈悲胜念千声佛,作恶空烧万炷香

指人心存慈悲,不作坏事,要强过整天烧香拜佛。

慈心生祸患

指心肠太软的人容易给自己带来祸殃。

此去好凭三寸舌,再去不值半文钱

指第一次去可以用谎言说服别人,如果没有实际行动,再次去时人家就不会相信了。

从善如登,从恶如崩

从:跟从。学好就如登山一样困难,学恶就如山崩一样迅速。

聪明人好惹,糊涂人难缠

指聪明人通情达理,比较容易交往;愚钝不明事理,最难应付。

D

打别人的孩子心不痛

比喻不是自己的东西,任意浪费毫不可惜。

打出来的朋友,杀出来的交情

指经过种种磨难和考验结成的友谊才是最珍贵的。

打当面锣,不敲背后鼓

比喻有话当面直说,不在背后议论。换句话说,有话要在当面讲明白,不要背后议论缺陷,说三道四,搞小摩擦。

打倒金刚赖倒佛

指自己打倒了金刚，诬赖是佛干的。比喻做错了事或遇到了是非让别人来承担责任。

打的丫环，吓的小姐

比喻惩罚下人是为了警告其主子。

打断骨头还连着筋

指骨头被打断了但筋还连在一块。比喻亲情是割舍不断的。

打狗鸡上墙

指打狗时把鸡吓得飞上了墙。比喻打击一个人，使另一个人也受到了惊吓。

打狗欺主

指打狗实际上是在欺侮它的主人。比喻惩治了某人，实际上是欺负了他的主子。

打狗要用擒虎力

比喻降伏一般寻常的敌人时，不要麻痹轻敌，要拿出对付最凶狠敌人的方法与力量。也比喻用较大的力量去解决普通的问题。

打狗也看主人面

指惩治人时应照顾及到与之相关的人的情面。

打虎还得亲兄弟，上阵须教父子兵

比喻只有互相信得过的人才能一起去完成生死攸关的大事。

打开天窗说亮话

指有了话就毫不保留地说出来。

打老鼠伤了玉瓶儿

比喻惩治恶人，结果连好人也跟着受连累。

打盆儿还盆儿，打碗儿还碗儿

比喻损坏了人家啥东西就应赔偿人家啥东西。

打破盆只论盆

比喻发生了啥事就处理啥事，不与其他事牵连。

打起来没好拳，骂起来没好言

比喻双方只要打骂起来，都不会留情面。

打墙不如修路

比喻得罪人不如和人交好。

打人三日忧，骂人三日羞

指打骂他人的人，心里也会长久不安的。

打人休打脸，骂人休揭短

指打人不要往脸上打，骂人不要揭露对方的伤疤。指不要过于伤害人的情面，要给人留些面子。

打死不离亲兄弟

比喻兄弟情深，即使有矛盾也不能分离。

打油的钱不买醋

指打油的钱不能同时用它去打醋。原指专款专用。也常用以比喻专心从事某事,不为其他事分心。换句话说,既已在于一件事,就不要分心去干第二件事。

打肿脸充胖子

形容人爱慕虚荣,硬做违背自己能力的事。

大恩不言谢

指大恩是不能通过酬谢的形式来报答的。

大风吹倒梧桐树,自有旁人说短长

指大树被风吹倒后,总会有人在一旁议论吹倒的树身有多长。比喻只要发生了一件事,总会有人议论纷纷。

大风刮不了多日,亲人恼不了多时

指亲人之间的矛盾很快就会消失。

大姑小姑,气破肚肚

大姑:丈夫的姐姐。小姑:丈夫的妹妹。旧指媳妇容易与大姑小姑发生矛盾。

大海浮萍,也有相逢之日

比喻虽然是人海茫茫,漂泊不定,但总能相见。

大伙心齐,泰山能移

指只要大家心齐,即使是一座泰山都能搬掉。比喻团结力量大。

大家马儿大家骑

指众人的财产由众人享受。

大奸似忠,大诈似信

指大奸大诈的人,往往以虚假的"忠信"面目表现。

大路朝天,各走一边

比喻双方各走各的路,互不侵犯。

大路生在嘴边

指路不认识,只要张嘴问便解决问题了。比喻依靠嘴巴谋生存。

大能掩小,海纳百川

比喻胸怀宽广的人能容人。

大事化小,小事化了

了:完,结束。把大事变成小事,把小事变成没事。比喻尽可能地化解矛盾,缩小事态。

大树之下,必有枯枝

比喻一脉相承的大家族,子孙中不免有败家子。

大小一个礼,长短一根棍

指送礼品不计轻重,只在表达情义。

大眼望小眼

形容人茫然、不知怎么办的神态。

呆里奸，直里弯

指表面憨厚实际奸诈，表面正直实际阴险。

单蜂酿不成蜜，独龙治不了水

比喻个人力量很小，不可能单独办成大事。

单面锣打不响

比喻只有一方面愿意，事情不可能达成协议。

单丝不成线，独树不成林

比喻个人力量单薄，办不成大事。

单者易折，众则难摧

比喻一人单独行事，容易受困，众人联合行动，就能成功。

耽迟不耽错

指做事宁可慢一点也不要出失误。

但得方便地，何处不为人

指应尽可能地给别人行方便。

但得一片橘子吃，莫便忘了洞庭湖

洞庭湖：在湖南省，附近地域盛产蜜橘。比喻哪怕是受到别人的一点点恩惠也要铭记在心。

但看三五日，相见不如初

指人和人相处，时间久了，印象不如开始那样好。

淡酒醉人，淡话伤人

指低度酒也能使人醉，风凉话也能伤人心。

当搏牛虻，不当破虮虱

牛虻：昆虫。虮：虱子的卵。比喻办事应纵观全局。

当差的官面上看气，行船的看风使篷

指下级要看上级的脸色办事。

当家就是戴枷

指管理家务会吃许多苦头。

当家三年，猫狗都嫌

指当家免不了得罪人，会遭人厌烦。

当面留人情，日后好相逢

比喻为人处世，要留有余地。

当面锣，对面鼓

比喻面对面直接地交谈。

当行厌当行

指同行的人相互嫌恶。

当着矮人，别说矮话

比喻不要当面提及人家的短处或毛病，或者触及了人家的忌讳。

刀伤好治，舌伤难医

指舆论产生的后果是不易清除的。比喻刀伤不难治疗；恶语伤人，伤透了感情，就不容易愈合。

到了庙里随和尚

比喻到啥地方，就得听从当地主事人的安排。

到什么山上唱什么歌

比喻办事要根据实际情况，采取不同办法，不能死搬硬套。

道路不平众人铲

比喻对不公平的事情应由众人出面干涉。

道路难行钱作马，城池不克酒为兵

指只要舍得花钱啥事情都能办得到。

得放手时须放手，得饶人处且饶人

指能放手时一定要放手，能饶恕人时暂且饶恕。指对人要包容，不要刻薄。

得理不让人，无理占三分

指待人过分刻薄蛮横，自己不讲道理。

得饶人处且饶人

指需要宽容饶恕人的时候姑且宽恕人。换句话说，待人处事不宜太苛刻，应宽宏大量，对非原则的问题，要能让就让，能不追究的就不予追究。

得人滴水之恩，须当涌泉之报

比喻得了他人的一点好处，应该加重地报答。

得人好处千年记，得人花戴万年香

指受到别人的恩惠，得到别人的宠爱。

得人钱财，替人消灾

指收了别人的钱物，就应替人家好好地把事情做完。也指接受了人家的好处，就只能为人家分忧解愁，消除灾难。

得胜的猫儿欢似虎

形容因胜利而趾高气扬。

地无三尺土，人无十日恩

指不可能长久地接受别人的恩赐。

第一印象不灭

指人和人接触，第一印象最重要。

吊桶落在井里

比喻受人制约，只得听人摆弄，无法脱离困境。

丁是丁，卯是卯

丁：天干第四位。卯：地支第四位。比喻办事认真细致。也比喻做事时要认真，一丝不苟。

东扯葫芦西扯瓢

形容说话口若悬河，不着边际。

东一句,西一句

比喻说话没有中心与次序。

东一榔头,西一棒子

比喻说话东拉西扯。也比喻行动毫无目的,想到哪里就干到哪里,碰到啥就做啥,没有连贯性,根本做不成事情。

豆芽菜,水蓬蓬;竹竿子,节节空

豆芽菜用手一掐全是水,竹竿子每节里面都是空心的。比喻人或物不诚实。

独虎架不住群狼

指一只老虎抵不住一群狼的攻击。比喻因寡不敌众,武艺再高强的人,也抵抗不住武艺平平的群体。

独龙行不得雨

指旧时认为下雨是天龙施行的,但一条龙却没法行雨。比喻一个人的能力再大,也成不了气候。

独拳难打虎

比喻依靠一个人的力量难以成就大事。

对客不得嗔狗

嗔:呵斥。指对着客人不能呵斥狗。

对马牛而诵经

比喻说话不看对象,找不到目标。

对牛弹琴,牛不入耳

比喻跟糊涂人讲道理,是白费力气。

对啥人,说啥话

指对不同的人说不同的话。比喻看人行事,不讲实话。

对着和尚骂贼秃

比喻当着对方的面骂第三者。

多个朋友多条路,多个冤家多道墙

指朋友越多越方便,冤家越少障碍也越少。比喻朋友越多办事越顺利,对立面越多办事越难。

多言众所忌

指多说话是众人所忌讳的。

E

恶狗怕揍,恶人怕斗

指恶人都欺软怕硬,要敢于与恶人作斗争。

恶贯不可满,强壮不可恃

恃:依靠。指作恶多了,必然会遭报负,不可自恃强壮欺压他人。

恶虎难斗肚里蛇

指再凶残的老虎也斗不过钻进肚里的毒蛇。比喻潜入内部的敌人最不好应付。

恶龙不斗地头蛇

比喻外来的势力再强大也争斗不过本地的恶势力。

恶人先告状

指做了坏事的人却抢先诬告受害者。

恶向胆边生

比喻胆子一大,啥坏事都干得出。

恶语伤人六月寒

比喻用恶毒的言语伤害别人,使人感到寒心。

恩不放债

比喻给人恩惠,不能像放债那样要求返还。

恩多怨也多

指即使做善事,也难免有不到之处,做得多了,可能惹来的埋怨也多。

恩怕先益后损,威怕先松后紧

指施予恩惠最怕的是开始给予好处,以后却又去伤害他;树立威望避忌的是开始放任自流,然后再严厉要求。

恩人相见,分外眼明;仇人相见,分外眼睁

分外:特别。指见了恩人眼前一亮,非常高兴;见了仇人怒目相视,非常气愤。也指恩怨分明。

恩义广施,人生何处不相逢;冤仇莫结,路逢狭处难回避

指人和人之间难免有见面相逢的时候,要多施恩惠给人;不要结下冤仇,万一遇到就不好相处了。

儿不嫌母丑,狗不怨主贫

儿子不会嫌弃母亲相貌丑陋,狗不会抱怨主人家贫穷。比喻人不会嫌弃、抱怨对自己有养育之恩的人。

儿大不由爹,女大不由娘

指儿女长大了,不由得爹娘做主。

儿大不由娘

比喻孩子大了,父母就管不住他了。

儿女多来冤孽多

指儿女多了,父母的责任就大,负担也重。

儿孙自有儿孙福,莫与儿孙作马牛

指子孙后代自会有他们的福运,做长辈的不要只给他们当牛作马,过分操持劳累。

二虎相争,必有一伤

指两只老虎相斗,其中必有一只会受伤。比喻两强势相斗,其中一方必然受到伤害。

二人同心,其利断金

指两人如能齐心合力,就如同一把利剑一样,锋利得能切断金属。比喻同心协力,就能坚不可摧,办成任何事情。

二十五里骂知县

知县:明清时代县一级的最高长官。指背后批评责骂人。

二则二,一则一

指按原则办事。比喻办事比较认真,说话实实在在,一丁点都不差,也不含糊。

F

发昏当不了死

指头脑昏迷神志不清毕竟不是死。指抵赖只能避开矛盾,最终解决不了问题。

法不传六耳

六耳:指三人。比喻秘密只有两人明白,不可以让第三个人知道。

翻手是雨,合手是云

比喻反复无常,耍弄诡计。

翻贴门神不对脸

指门神像应面对面地贴,假如贴反了,两个门神就不是面对面了。比喻彼此见面扭头过去互不讲话。

凡事留人情,后来好相见

指做事应留些情面,以便于以后的结交。也指对人要留一点情面,以后好再见面往来。换句话说,为人处世千万不能太绝情,要留点后路,以便将来遇到难处时,有回旋的空间。

饭多伤胃,话多伤心

指饭吃多了容易伤害胃口,话说多了容易伤害人心。

饭煳了,捂在锅里;胳膊折了,吞在袖里

煳:食物经火变焦发黑。折:断。比喻家里出了丑事要千方百计地加以遮盖,不让外人知道。

饭可以乱吃,话可不能乱讲

比喻说话要负责任。

饭要一口一口吃

比喻做事只能一件一件做,不能操之过急。

饭越捎越少,话越捎越多

指闲话越传越离奇。

方话不入圆耳朵

比喻话不顺耳,对方不愿意听。

房倒压不杀人,舌头倒压杀人

指房子倒了不一定会压死人,恶语中伤却能置人于死地。

放下屠刀,立地成佛

佛家语,劝人改恶从善。指干过坏事的人,只要悔过自新,就可成为好人。劝诫人改恶从善。

放着鹅毛不知轻，顶着磨子不知重

比喻不知轻重好歹。

肥水不流外人田

比喻人才或财富不要外放。

分辨人的好坏，先看他的言行；分辨马的优劣，先听它的声音

指根据人的言谈与行为，就能辨别出人的好坏；根据马的嘶叫，就能辨别出马的优劣。

风儿无翅飞千里，消息无脚走万家

指消息口口相传很容易传播出去。

风高放火，月黑杀人

指乘大风天放火，在月黑夜杀人。比喻利用时机做恶事。

风里言风里语

比喻非正式地用话语表露出来。

风云多变，人心难测

比喻人心就像变化莫测的风云那样，是难以捉摸的。

逢人减岁，遇货加钱

指要把别人说得年轻些，要把物品说得值钱些，指人要会说话。

逢人只说三分话，未可全抛一片心

指对人要存有防备之心，说话要留有余地，不可以把心里话全都说出来。旧社会常用来劝告涉世未深的年轻人。

凤凰不入乌鸦巢

比喻好人不应到坏人家里去厮混。

凤凰飞在梧桐树，自有旁人话短长

指有意外的情况出现，自然会遭人议论。也指发生了一件非常的事情，引起了大家的关注，也有人出来说三道四。

凤凰鸦鹊不同群

凤凰与鸦鹊不会同群而处。比喻好人不会与坏人混在一起。

凤有凤巢，鸡有鸡窝

指凤凰有自己的巢，鸡有自己的窝。比喻各种不同层次的人总是会集在不同的地方。

佛口蛇心

比喻口头慈善，内心毒辣。

佛面上刮金

从佛像脸上刮取金粉。比喻千方百计地搜刮钱财。

佛要金装，人要衣装

指佛像靠金粉来修饰，人要靠衣服来装扮。比喻人的服饰打扮，对人的仪表美化起重要作用。

夫愁妻忧心相亲

指夫妻心心相印，丈夫有了犯愁的事，妻子自然也会忧伤。

夫妇是树，儿女是花

指夫妻生了儿女之后，家庭会更加幸福、美满。

夫妻安，合家欢

指家庭要幸福，夫妻和睦是关键。

夫妻本是同林鸟，大难来时各自飞

指夫妻遇到灾难往往会各奔东西，很难保证不分开。

夫妻吵架好比舌头碰牙

指夫妻吵架是很寻常的。

夫妻恩爱苦也甜

夫妻之间相亲相爱，即使生活再苦也会觉得甘甜。

夫妻好比一杆秤，秤盘秤砣两头儿平

指夫妻俩要在品行、才能等方面相配，如同秤盘和秤砣平衡相配一样。

夫妻没有隔夜的仇

指夫妻间的矛盾很容易解决。

夫妻面前莫说真，朋友面前莫说假

指夫妻之间还可保守些秘密，但朋友之间却没有啥秘密可保留的。也指友情甚于夫妻情。

夫妻且说三分话，未可全抛一片心

比喻即使是夫妻之间说话也应该有余地留，不要把真心话全部说出来。

夫妻是打骂不开的

比喻夫妻之间虽然经常吵架，但不会轻易分离。

夫妻同床，心隔千里

指有的夫妻同床异梦，各有想法。

夫妻无隔宿之仇

指夫妻之间没有隔一个夜晚那么长的仇恨。比喻夫妻之间的矛盾很容易化解。

夫妻谐，可以攻齐；小夫怒，可以攻鲁

指夫妻同心，可以攻克强大的齐国；小夫发怒，可以攻克像鲁国一样的国家。比喻只要团结一致、英勇战斗，就能战胜一切敌人。

夫妻一条心，黄土变成金

指夫妻只要同心协力，黄土也能变成金子。比喻只要夫妻同心协力，生活就会富强起来。

夫有千斤担，妻挑五百斤

指丈夫假如要挑千斤重的担子，做妻子的就会帮他挑一半。比喻妻子能为丈夫承担忧愁。

扶贫要扶本

指帮助贫困户，要解决问题贫困的根源。

服理不服人

指叫人信服的是公理，而不是某个人的权势。

斧子不到处,恶木易成林

比喻如果不及早除掉恶行恶人,就会蔓延成害。

父不慈则子不孝

慈:慈爱,仁慈。指父辈不关心疼爱子女,子女就不会孝顺父辈。

父不记子过

指父亲不会计较儿子的过错。

父不忧心因子孝,家无烦恼为妻贤

指子女孝顺,父辈就没有后顾之忧;妻子贤惠,家庭就会和谐平安。

父道尊,母道亲

指对待儿女,父亲要严厉,母亲要慈爱。

父母之仇,不共戴天

指不会和杀害父母的仇人在一个天底下共存。比喻深仇大恨。

父债子还

指偿还父亲欠下的债务是儿子应有的责任。

父子不和家不旺,邻里不和是非多

父子和睦家业才能兴旺,邻里和睦才不会有矛盾。指友好和睦对家庭邻居都很重要。

父子同心土变金

指父子团结一心就没有办不到的事。

父子无隔宿之仇

指父子间的矛盾很容易清除。

妇女能顶半边天

比喻妇女所起的作用和男子是一样的。

富贵逼人来

比喻富贵者的财势能使他人前来投靠。

富贵不压乡里

比喻人即使有了权势,也不能欺负自己的乡亲。

富攀富,穷帮穷

指富人结交富人,穷人帮助穷人。

富人报人以财,穷人报人以命

指富人用钱财报答,穷人则舍身报恩。

富人妻,墙上皮,掉了一层再和泥;穷人妻,心肝肺,一时一刻不能离

指旧社会富贵人家妻妾成群,夫妻感情冷淡;贫穷人家,夫妻患难与共,恩深义重。

缚虎容易纵虎难

缚:捆绑。比喻把凶恶的对手捉住了就不能轻易放过,不然就会后患无穷。

蝮蛇口中牙,蝎子尾后针;两般犹未毒,最毒负心人

指蝮蛇与蝎子的毒都很厉害,而背信弃义的人比它们更狠毒。

旮旯里做事不怕人，就是瞒不过夜游神

旮旯：角落；狭窄偏僻的地方。夜游神：旧社会传说中巡夜的神。比喻喜爱深夜在外游荡的人

G

甘言夺志，糖多坏齿

甘言：甜言蜜语。指就像人吃糖多了容易把牙坏掉一样，甜言蜜语能使一个人丧失斗志与勇气。

赶人不要赶上

比喻不要逼人太甚。

赶十五不如赶初一

指办事应尽量赶早，不能迟延。比喻做事要赶早不赶晚，尽可能提前办，抓紧、抓早，争取主动。

胳膊弯没有向外拐的

比喻自己人总是护着自己人。

胳膊肘往外扭

比喻袒护外人。

隔辈如隔山

辈：行辈，辈分。指隔着辈分就像隔着一座山一样，很难相互通融。

隔层肚子隔堵墙

旧社会常比喻妇女对不是自己亲生的子女，大多缺乏爱心。现在多指人心叵测。

隔面难知心腹事

指很难知道别人内心的想法。

隔墙防有耳

指隔着一道墙，墙那边有人偷听。比喻说话要小心，要防止走漏风声。

隔墙须有耳，窗外岂无人

须：一定，必定。岂：副词，表示反问。指屋里讲话，窗户外面有人偷听。比喻无论任何机密的事情都有泄露秘密的可能。

各人头上一方天

指每个人都有属于自己的生活余地，是别人所无需干涉过问的。

各人自扫门前雪，不管他家瓦上霜

比喻自己干好自己的事情，不要去管别人的闲事。旧社会也指只管自己，少惹是非。

各肉儿各疼

指自己的孩子自己疼爱。

给人方便，自己方便

指给别人行方便，自己也就方便。

跟着大树得乘凉,跟着太阳得沾光

比喻在有权势的人的庇护下,能得到某种好处。也比喻晚辈在长辈身边,能得到资助、爱护。

跟着什么人学什么人,跟着巫婆会跳神儿

巫婆:装神弄鬼替人祈祷为业的妇女。指跟着啥人,就会学到啥本事。比喻常跟啥样的人接近,就会受到啥样的影响。

工作好干,伙计难共

伙计:合作的人;伙伴。指把工作干好很容易,而要解决好同事之间的关系就难了。

公不离婆,秤不离砣

砣:秤砣,称物品时用来使秤平衡的金属锤,也叫秤锤。指老夫老妻相互为伴,彼此不能分离,就像秤和砣一样永久相随。

公婆难断床帏事

床帏:床上的帐子,借指男女之情。指夫妻之间的矛盾,就是公公婆婆也很难断清楚。

供一饥,不能供百饱

指可以供给饥饿的人吃一顿饱饭,但不能长久供养他。指救急不救穷。

恭敬不如从命

指为表示尊敬礼貌,以听从主人的意见最为好。

恭敬不如从命,受训莫如从顺

指与其对人恭恭敬敬,不如听从他的命令;与其受人训斥,不如顺从他的意志。

狗不叫,不被打;人不语,不遭殃

遭殃:遭受灾殃。指狗不乱叫就不会被人打,人不多言就不会招致祸患。

狗不咬人心不安,驴不拉磨背发痒

指狗天生就要咬人,驴天生就得拉磨。比喻没有自知之明的人总要讥讽别人。

狗肚子盛不了四两香油

比喻涵养差的人心里根本藏不住话。不能保守秘密。

狗眼看人低

指狗的眼睛看人,会把人看得很矮。比喻势利小人,看不起穷苦的人。

狗咬狗,两嘴毛

指狗与狗打架撕咬,双方都弄得满嘴是毛。比喻争斗的双方都是一路货色。

狗咬狗,两嘴毛;鳖咬鳖,两嘴血

比喻坏人之间的争斗,没有好坏之分,双方都不会有好下场。

狗咬人,有药医;人咬人,没药医

人咬人:指犯人在审讯时牵连其他无辜的人。指被狗咬伤,是可以治好的,而被人无辜牵扯陷害就很难挣脱了。

姑娘大了不中留,留来留去结怨仇

指女孩子长大了就要嫁出去,否则就会对父母有埋怨。

姑娘讲绣衣,秀才讲文章,农民讲种地,渔民讲海洋

指不同行业的人谈论不同的问题。

孤树不成林,单丝不成线

比喻一个人力量孤单,做不成大事。

牯老实挨打,人老实受欺

牯:牯牛,即公牛。指过于老实的人就会受到别人的欺压。

鼓不打不响,话不讲不明

指不把话说出来,别人就很难知道事情的真相。

瓜好吃不讲老嫩,人对眼不讲丑俊

对眼:符合自己的眼光、标准。指瓜的味道好了就不在乎是否成熟,男女互相欣赏,就不在乎长相是否漂亮。

瓜子不饱是个心

指瓜子吃不饱,但它表达了人的真实情义。比喻很轻的礼物包含着深重的情意。

瓜子不饱是人心

指东西虽然不值钱,却代表着人的真实感情。

瓜子不大是人心

指瓜子虽然不能让客人吃饱,但却代表着主人的一片心情。也指尽管送给人的食品很轻微,但情意却是很深重的,即物虽小却饱含情意。

寡妇门前是非多

指旧社会人们都避讳与寡妇来往,怕招来麻烦。

怪人须在腹,相见又何妨

指把对人的不满情绪放在心里,就能与他相处。指只要心里防备人即可。

怪人者不知情,知情者不怪人

指既然已经知道了情况,就不要再责备别人。

观人必于其微

指观察人要从细微的地方开始。比喻从细小的问题上能看出一个人的品行。

官大不压乡邻

指官当得再大,也不在乡亲邻里面前耍威风。比喻旧社会地位高的人在乡邻面前总会顾及情面,不敢过于放肆。

官大福大势大,财粗腰粗气粗

比喻官做得越大,其权势就越大;钱财越多,其说话办事就会没有顾忌。

官大一级压死人

旧社会认为官位高的人可以仗势欺压官位低的人。

官情如纸薄

指旧社会时做官的人相互没有人情可讲,势利的很。

官无中人,不如归田

旧社会认为官场中若无有权势的人作后台,官就做不了太久。

官向官,吏向吏

指当官的护着当官的,当差的护着当差的。比喻官吏间相互袒护。

官向官,民向民,关老爷还向蒲州人

蒲州:地名,在山西,关羽的故乡。当官的人互相包庇偏护,平民老百姓互相帮助支持,连关老爷都向着自己的家乡人。指自己人之间总是要互相关心提拔的。

官向官,民向民,和尚向的是出家人

旧社会认为处境、地位或志向相同的人会互相庇护、支持。

官字两个口,没有硬说有

"官"字有两个口。指旧社会官吏可以颠倒是非,无论怎么说都有理,老百姓根本没有办法分辨。

管天管地,管不住拉屎放屁

指人的权利再大,也管不了人们的生活小事。

管闲事,落不是

指好心过问别人的事,往往会招来麻烦。

光给人家说庙,没叫人家看神

比喻向人介绍情况时,没有把主要内容交代清楚。

光脚的不怕穿鞋的

指当人一穷二白的时候,也就没有了顾忌、负担。也指贫穷人不怕有钱人。

广种福田留余步,善耕心地好收成

旧指人生在世只要心地善良,多做好事,就会为自己留有余地,就会得到好的报答。

鬼怕恶人

指鬼看见凶恶的人也怕。比喻谁都害怕厉害的人。

鬼人操得鬼心眼

指阴险的人心存坏心眼。

鬼吓人吓不死人,人吓人吓死人

指人在毫无提防的情况下,突然受到有预谋的人的惊吓是会被吓死的。

贵人多忘事

指地位高的人往往记不住事情。多用以恭维或讽刺人。

贵人稀见面

指人地位高贵了就不与一般人交往了。

贵足踏贱地,草舍生辉

草舍,指茅草屋,谦词。指高贵者亲临地位低下者的住处,房屋都会感到光彩。

棍棒不打上门客

比喻对登门拜访的客人要礼貌相待。

棍棒不打笑面人

指不能用严厉的态度对待态度温和的人。

过耳之言,不可听信

指听到的传闻不可相信。

过耳之言,不足为凭

比喻说话没有根据,不可全信。

过河拆桥

指过完河就把桥拆了。比喻目的达到后就把帮助过自己的人甩开。

过河丢拐棍,病好打太医

指过了河之后便把所拄的棍棒扔掉,病痊愈了反而去打为自己治病的医生。比喻达到了目的以后,就对关照过自己的人翻脸。

过日子不可不省,请客人不得不费

指平时应该注意节俭,而对待客人就不要吝啬。

H

哈达不要太多,有一条洁白的最好

哈达:藏族和蒙古族人民表示祝贺用的丝巾。指赠送礼品要少而精。也比喻结交朋友不在多少,贵在知心。

孩子不避父母,病人不避大夫

指孩子在父母面前,病人在医生面前,都应该毫无隐瞒。

孩子是大人的耳朵,也是大人的舌头

指孩子会将听到的告诉父母,也会将父母的谈话告诉外人。

含着骨头露着肉

指口里含着骨头,肉却露在外边。比喻说话含糊不清楚,有所保留,故意掩盖真相。

好柴烧烂灶,好心没好报

指人不能不分对象一味好心对待,好心对待坏人不会得到好报。

好动扶人手,莫开杀人口

好动:指精力旺盛。扶人手:指帮助别人。杀人口:指间接杀人的嘴巴。指精力旺盛的话,就多做一些对人有好处的事情,不要出口伤人、害人,以免招惹灾祸。也指多帮人救人,不要害人。

好饭不怕晚,趣话不嫌慢

趣话:风趣幽默的言谈。只要饭好,晚一点吃也不要紧;只要话风趣、幽默,说得慢一点也没关系。也泛指较晚得到美好的事物反而更有意义。

好狗不挡道

指机灵的狗不会挡在路上阻碍行人。常比喻明事理的人不会妨碍别人的行为。

好官易做,好人难做

指做一任好官容易,做一辈子好人却很难。

好汉抵不过一群狼

指本领再高强也没法抵挡一群狼的进攻。指寡不敌众。

好汉护三村，好狗护三邻

英雄豪杰能确保一方平安，好狗能守护左邻右邻。

好汉怕赖汉，赖汉还怕歪死缠

赖汉：死皮赖脸的人。歪死缠：不讲道理、纠缠不休的人。指死皮赖脸、纠缠不休的人最难对付。

好汉怕赖汉，赖汉怕急汉

急汉：脾气暴躁的人。也指被逼急了的人。有本领、讲道理的人害怕死皮赖脸的人，死皮赖脸的人害怕脾气暴躁、做事冲动的人。也指人被逼上绝境，啥事情都敢做。

好合不如好散

指和睦相处诚然可贵，和气分手更是值得人们赞扬的。

好花不断香，好囡不离娘

指好花香的时间长，好女随娘时间长。

好话不背人，背人没好话

指好话不怕被别人听见，怕别人听见的话就不是好话。

好话不在多说，有理不在声高

指有用的话不在多，有哲理的话不在于声音高。

好话传仨人，有头少了身；坏话传仨人，有叶又有根

指好话越传越少，坏话越传越多。

好话当不了饭吃

指不做事情，话说得再好听，也没有价值。

好话说上千千万，不如实事办一件

指好话说得再多，也不如办一件实事。

好伙计，勤算账

伙计：朋友。指感情深厚的朋友，也要在经济方面清楚。

好看千里客，万里去传名

看：看待，对待。指热情接待远来的客人，客人会把你的好名声四处传播。

好客主人多

指有权有势的人，愿意招待他的人自然就多。

好了的疮疤不必再搔了

比喻已经改正毛病，就不要再提了。

好名难出，恶名易出

比喻好名声不容易传播，而坏名声传播得却很快。

好墙维持好邻居

指人和人之间保持一定的距离，就能长时间和睦相处。

好亲眷，莫交财；交了财，断往来

指亲戚之间不要有经济往来，关系才能长久。

好人还得好衣裳

指外貌好的人还得有好的衣服来打扮方能显出美。比喻漂亮的人也需要有适合的衣裳相配,才能显得好看。

好人说不坏,好酒搅不酸

指好人不怕别人说坏话,就像好酒不怕搅一样。比喻流言蜚语影响不了正派人。

好人有好报

报:报应。旧社会认为有因果报应,好人做了好事,就会得到好的报答。

好石磨刀也要水

比喻人和人之间需要互相帮助,只凭个人的努力无法实现目标。

好时是他人,恶时是家人

好时:顺境得志的时候。恶时:不如意的时候。春风得意时外人前呼后拥,穷困潦倒时却只有家人相依为命。既指亲情可贵,也指世态炎凉。

好事不出门,恶事传千里

比喻好的事情不容易传出去,坏的事情却能很容易地宣扬到很远的地方去。

好事不瞒人,瞒人没好事

指做好事用不着背着人,背着人偷偷摸摸干的事不会是好事。

好事不在忙里

指要办成一件好事,不必操之过急。

好手不敌双拳,双拳不如四手

指一个人能力再大,也架不住人多。

好鞋不踏臭狗屎

比喻好人不必和坏人争执。换句话说,正派的人不跟不正派的人厮混在一起,避免影响自己的名声。

好心不得好报

指一片善心,却得不到好的回报。

好心当作驴肝肺

指一片好心却被当作驴的肝与肺。比喻一片好心却被认为是恶意。

好心总有好报

指人存一片好心办好事,总会得到好的报答。

好兄弟高打墙,亲戚朋友远离乡

指兄弟、朋友、亲戚之间要保持一定的距离,过分亲密,常常无法长久相处。

好言不听,祸必临身

比喻不听人劝说会遭受祸患。

好言难劝该死鬼

指用正确的意见、见解无法规劝一意孤行的人,只有任其倒霉。

好鹰不叨昧心食,好虎不吃屈死兽

比喻做人要光明正大,不能做损人利己的亏心事。

喝酒喝厚了,赌钱赌薄了

厚:感情深。指通过喝酒可以使关系更加密切,而赌博却使人和人之间的关系更加疏远。

合家欢,老人安

指老人最企盼的就是全家人和和睦睦,团圆的时刻。

合心的喜鹊能捉鹿

比喻团结一心,才能产生巨大的力量。

和得邻居好,胜过穿皮袄

指和睦的邻里关系温暖人心。

和尚不亲帽儿亲

比喻对同宗或同行的人特别亲切。

和尚见钱经也卖,瞎子见钱眼也开

指有些人为了金钱啥事都干得出来。也指金钱有巨大的诱惑力,利用这一点可以做许多事。

河里失钱河里捞

比喻在什么地方丢失的在什么地方找回。

河水不犯井水

比喻双方互不侵犯,互不干涉。

鹤随鸾凤飞还远,人伴贤良智转高

鸾凤:传说中的神鸟。指同有远见卓识,有理想抱负的人在一起,会受到良好的熏陶。

横的难咽,顺的好吃

比喻用粗暴蛮横的态度对人,别人就很难接受;用温和的态度对人,别人就乐于相助。

横挑鼻子竖挑眼

比喻粗暴蛮横地指责、挑剔。

哄得愚人过,难免识者弹

弹:弹劾,指揭穿骗局。指骗局只能欺骗呆人,却会被内行人揭穿。

呼蛇容易遣蛇难

比喻收容容易,打发困难。

狐狸不乐龙王,鱼鳖不乐凤凰

指狐狸不愿交水中王;鱼鳖不愿交鸟中王。比喻不是同一层次的人,再高贵也不愿和他交往。

狐狸再狡猾,也斗不过好猎手

比喻邪不压正,恶人早晚要受到惩罚。

狐狸做梦也数鸡

比喻坏人时刻都在谋划害人。

葫芦牵到扁豆藤

比喻不着边际地信口开河。

虎父无犬子

旧指父亲英勇,儿子就不会软弱无能。

虎项金铃谁人解,解铃还仗系铃人

指要解下系在老虎脖子上的金铃,还得靠系金铃的人。比喻哪人惹出麻烦,那人去解决。

虎在软地上易失足,人在甜言里会摔跤

指人听信甜言蜜语容易上当。

花花轿子人抬人

旧社会指人和人之间要靠互相抬举、奉承。形容人相互奉承,相互吹捧。

花木瓜,空好看

指木瓜虽然有好看的花纹,但只能看,不能吃。也指世间有些外表好看的事物,不一定有实际意义。

话不说不知,木不钻不透

指该说的话不说出来,别人就不会明白,就像木头不钻凿不能穿透一样。换句话说,话必须说得十分具体清楚,别人才能真正明白其中的含义。

话不投机半句多

指对事物的看法差距较大,因此谈话就难以进行下去。比喻双方如果意见不同,交流就比较困难或很难进行下去。

话不在多,人不在说

指说话不在多少而在于是否说到点子上,做人不在说得怎样动听,而在于做事情是否踏实认真。

话到舌尖留半句

指说话应保留余地,不能全部讲出来。比喻说话要小心,不要把话说绝,遇事应从礼仪上考虑,尽量宽让一些。

话到嘴边留三分

指说话要留有余地。

话激话,没好话

指互相用话语激怒对方,便会越说越不像话,使矛盾更加激化。

话经三张嘴,长虫也长腿

长虫:蛇的俗称。指话传过数人以后就会虚假了好多。

话里有话

比喻所讲的话除了表面的一层意思外,还有更深一层内容。

话是开心的钥匙

指话是一把打开心扉的钥匙。比喻语言能沟通人的情感,打开人的心灵。

话是开心斧

指语言能沟通人的情感,打开人的心扉。比喻一番语重心长的谈话能激励人,解开人心中的迷茫,使人乐观起来。

话说三遍淡如水

指说话唠唠叨叨,就没有味道,没人爱听。比喻说话重复啰嗦,使人感到乏味。提醒人们,说话要防止重复啰嗦。

话须通俗方传远,语必关风始动人

指说话要通俗易懂,且反映风土人情,才会被大家喜闻乐见,才能流传很远。

患难见朋友

比喻经过艰难困境的考验才能显示出朋友的真诚。

患难见人心,生死辨忠奸

指只有在最危难时才能真正地知道一个人。

患难见知交,烈火现真金

指在患难中才能看出谁是真正的朋友,如同在烈火里才能显现出哪是真正的黄金。

皇帝也有草鞋亲

草鞋亲:穿草鞋的穷亲戚。指再有钱有势的人,也免不了有穷亲戚。劝人不应该嫌弃穷人。

皇天不负好心人

负:辜负。指命运不会辜负善良的人。

黄鹤楼上看翻船

指站在黄鹤楼上观看江上的船翻掉。比喻在别人遭遇灾难时采取袖手观望的态度。

黄金难买乡邻情

指邻居之间的情谊非常可贵。

黄泥塘中洗弹子

比喻说话做事情不干脆利落。

黄牛过水各顾各

比喻各人只顾着自己。

谎言腿短,当场摔跤

比喻谎言很快就会被揭穿。

会嫁嫁对头,不会嫁嫁门楼

对头:本指对手,此处指情投意合的人。门楼:大门上边牌楼式的顶,此指有钱人家的高门第。指女子选择丈夫要看是否与自己情投意合,而不要贪图对方的钱财。

会说的不如会听的

指善于言谈不如善于捕捉别人话语中的真实含义。也指善于听话的人能听出别人话中的真实意思。

会说的说圆了,不会说的说翻了

指能说会道的人能把难办的事办好,不会说话的人能把简单的事情办糟了。

会说话的两头瞒,不会说话的两头盘

指善于调解的人知道该说啥,不该说啥;不善于调解的人,全部讲出,反而激化矛盾。

侮人还自侮,说人还自说

侮辱别人,非议别人,常常会招致别人对自己的侮辱与非议。指不尊重别人,自己也不会受到尊重。

活不见面,死不送终

比喻彼此永远不再相聚。

火不拨不旺,理不讲不通

指就像火越拨越旺一样,道理必须讲透彻才能说服人。

火大无湿柴

指在大火中,即使是湿柴也能烧着。比喻只要群众团结一致,就能战胜一切困难。也比喻人多力量大。

火到猪头烂,钱到公事办

指火力到了,再难煮的猪头也能煮烂;钱送到了,再难办的公事也能办成。

J

机事不密则害成

指机密大事一旦被泄露,灾难接着就会到来。

鸡蛋里挑骨头

比喻故意挑剔。

鸡肚不知鸭肚事

比喻一个人很难了解到别人的真实意图。

鸡多争窝,羊多争坡,和尚多了争饭锅

比喻人太多了,就不免要因个人利益而起争执闹纠纷。

鸡儿不吃无工之食

指公鸡吃食要报晓,母鸡吃食要下蛋,都没有白养的份儿。比喻人不能白得别人的利益。

鸡狗不到头,虎兔泪双流

迷信认为,属鸡的和属狗的,属虎的和属兔的,属相相克,结婚后不会有好日子过,因此不适合结婚。

鸡一嘴,鸭一嘴

比喻别人说话时乱讲话,或指七嘴八舌、议论纷纷。

鸡与鸡并食,鸾与鸾同枝

比喻啥样的人,就有啥样的朋友。

积德百年元气厚,子孙万代福无边

指人坚持不懈地积德行善,家运就会亨通,子孙后代就会有享不尽的富贵。

积金不如积德,克众不如济人

克:克扣。指积攒钱财不如多做善事,损害别人不如帮助别人。

积善逢善,积恶逢恶

指多做好事会得到别人的报答,多做坏事会受到应有的惩罚。

积善人家,必有余福

指多做善事的人家必有好报,会给子孙后代积下荫德。

激人成祸，击石成火

指惹恼别人往往会酿成灾祸，如同击打石头会产生火花一样。

即使住在河边，也不能和鳄鱼交朋友

比喻即使与坏人处于同一环境也绝不能受到玷污。

救人一难，胜造七级浮屠

浮屠：佛塔。指救别人一次灾难，比建造七层佛塔的功德还大。

己所不欲，勿施于人

比喻自己不愿意遇到的事情，也不要施加给别人。

既来之，则安之

指事已至此，就应安下心来面对。

既在佛会下，都是有缘人

指既然都信佛，那就都是与佛有缘的人。泛指既然相会，就是缘分。

既在山场转，就有打猎心

指既然敢到现场来，就有向强者挑战的勇气。

济人须济急时无

济：接济，帮助。指救济人应当在他困难的时候救济他需要的东西。

祭而丰，不如养而薄

指老人死了以后祭祀得再丰盛，也不如他活着的时候孝敬奉养，哪怕经济能力不够，只能让老人过平常生活。

家不和，被人欺

指家庭不和睦就会遭受外人欺负。

家不和，事不成

指家庭不和睦，就啥事情也办不好。

家常饭，粗布衣，知寒知暖自己的妻

指家常饭吃着可口；粗布衣穿着舒服；自己的老婆最关心疼爱自己。

家丑不可外扬

指家庭内部不光彩的事不可向外人传播。也泛指内部的丑事不可向外透露。

家丑家丑，家家都有

指家家都难免发生不光彩的事。

家和万事兴

指家庭和睦了，任何事都能办成。

家花不如野花香

指好色男人总觉得自己的老婆不如其他女人好。

家火不起，野火不来

指家里不出问题，外人就不敢来欺负。

家里事，家里了

指家庭内部发生的矛盾，就在家庭内部解决，不要宣扬出去。

家里无贼贼不来

指内部没有家贼，外贼就不会乘虚而入。泛指没有坏人做内应，外边的坏人就不能进来搞破坏。

家里有一老，炕头坐活宝

指家中有老年人主持家务，对年轻人对家庭都有益处。

家庭合不合，看看儿媳和公婆

指家庭和睦不和睦，只要看公婆与儿媳的关系怎样就知道了。

家庭家庭，治好了家才能消停

指家庭成员关系协调好了，一家人才能安稳地过日子。

家无主，屋倒竖

指家里没有当家做主的人，就会乱得连房子也倒过个来。若家庭少了当家主事的人就不会和睦。

家有千口，主事一人

指一个家庭人口再多，也只能由一个人来当家主事。泛指任何一个集体，总有一个全面掌管的人。

家有贤妻，男儿不遭横祸

指家里有贤惠的妻子，丈夫可避免许多意外的祸患。

家有一条心，黄土变成金

指全家人团结一心勤俭持家，终究能发家致富。

家有一心，有钱买金；家有二心，无钱买针

指全家人心齐就能发家致富，心不齐就会贫穷受苦。也指一家人团结，一心一意共同奋斗，家业就能兴旺。如果一家人不是一条心，各人只顾自己，家业将败落贫困。比喻心齐团结的重要性。

嫁出去的姑娘，泼出去的水

旧指已经出嫁了的女儿，如同泼掉的水一样，不再是娘家的人了。也比喻事到如今不要后悔。

嫁汉随汉，穿衣吃饭

旧指女子出嫁是为了生活有依靠。

嫁鸡随鸡，嫁狗随狗

旧指女子不管嫁给什么样的人，都要跟他过一辈子。

奸不厮欺，俏不厮瞒

指奸诈的人，不互相欺骗，俊俏的人，也不互相隐瞒。比喻谁也别欺骗谁。

奸出人命赌生盗

奸情容易招来杀身之祸，赌博容易染上偷盗的恶习。

拣佛烧香

比喻挑选好对象赠送礼物。

见财起意心不正，损人利己天不容

指总想谋取不义之财的人存心不良，损人利己的人总会受到惩罚。

见风使舵，就水弯船

指看风向掌舵，根据水流划船。比喻随机应变，照实际情况办事。

见怪不怪，其怪自败

指见到怪人怪事不以为怪，他(它)就会慢慢自动消逝。

见了面，分一半

指得到分外的财物时，在场的人都有权分享。也常用作分吃别人食物的戏谑语。

见人说人话，见鬼说鬼话

指形容为人老练，善于鉴貌辨色。

见死不救非君子，见义不为枉为人

指劝人要见义勇为，救人于危困。

见着秃子不讲疮，见着瞎子不讲光

在秃子面前不说"疮"这个字，在盲人面前不说"光"这个字。指说话要避开人的忌讳。

剑伤皮肉，话伤灵魂

指闲言恶语对人的伤害最深。

箭要直直地射，话要直直地说

指说话要直爽，不要拐弯抹角。

江湖一点诀，莫对妻儿说

比喻江湖上的诀窍，连妻儿这样亲近的人也不能告知。

将酒劝人，终无恶意

比喻以酒待客，是表示善意。

将军狗死人吊孝，将军死后无人埋

将军活着时，他的狗死了，也会有人来吊孝；将军死后连埋他的人都没有。指世态炎凉，得势时别人百般抬举，失势时别人十分冷落。

将怕阵前失马，人怕老来丧妻

人最怕老年时死了老伴，就像战将最怕在打仗时失去战马一样。

交遍天下友，知心有几人

交结的朋友虽多，可真正知心的却很少。指知心朋友十分难得。

交情大于王法

指私人间的交情比国家的法律还重要。比喻某些人因重交情而不顾原则。

交人不疑，疑人不交

比喻既然相交就不要怀疑友人，怀疑就不要与他交友。

交人交心，浇花浇根

指如同浇花要浇根部一样，交朋友要交推心置腹、真心实意的朋友。

交人交心，浇树浇根

指交朋友必须真诚相待或互相推心置腹。

交人先交心

指结交朋友要真诚相待，从心灵深处培植友情。

交友交义不交财,择友择智不择貌

指选择朋友要注重品行和才能,不要只看中对方的钱财与相貌。

交有道,接有理

指结交朋友、待人接物都要遵循一定的规矩。

娇妻唤做枕边灵,十事商量九事成

指丈夫很容易听信心爱的妻子的话,有事很容易商量成,很容易答应她的要求。

骄子不孝

指骄奢的子弟,不会孝顺老人。

胶多不粘,话多不甜

指木匠讲究上胶要薄,胶多了反而粘不牢。比喻话讲多了别人反而不爱听。

叫花子也有三个穷朋友

比喻什么人都会有几个好朋友。

叫亲了的娘,住亲了的房

指亲娘越叫越亲切,房子越住越有感情。

叫人不蚀本,不过舌头打个滚

指主动和别人打招呼,并不费多大力气。

叫天天不应,叫地地不灵

比喻处于孤立无援的境地。

教的言语不会说,有钱难买自主张

指靠别人教为人处世的道理,但更重要的是自己有见解。

接神容易送神难

比喻请人来容易,打发人走难。

揭底就怕老乡亲

指老乡亲知根知底,揭穿一个人时最能揭到伤疤处。

揭人不揭短,打人不打脸

短:弱点或隐私。揭露人不要揭最忌讳的短处,打人不要打人的脸面。指批评指责别人时,要留一些情面。

节令不到,不知冷暖;人不相处,不知厚薄

指新的节令到了,才能感到气候的冷暖,人互相接触了,才能知道彼此的情义厚薄。

结得人缘好,不怕做事难

指与别人的关系处得好,则无论到哪里都会有人帮助。

结君子千年有义,交小人转眼无情

指与品德高尚的人交友,友情永存;与品质低下的人结交,一遇利害冲突,他就会绝情绝义。

结怨容易解怨难

指与人结下仇恨很容易,要解除仇恨则很困难。

借四两，还半斤

旧制，半斤为八两，正好是四两的一倍。指知恩图报，加倍偿还。

今生不与人方便，念尽弥陀总是空

比喻若不能善待他人，即使念佛修行也是徒劳的。

金儿银男，不如生铁老伴

指儿女再好，也不如有个老伴在晚年伴随自己。

金刚怒目，不如菩萨低眉

指像菩萨那样凝神静处对待问题，其效果比怒目横眉更好。

金刚厮打，佛也理不下

金刚：佛的侍从力士，因手持金刚杵而得名。厮：互相。自己内部的人争斗起来，领头的人能力再大也管不了。

金将火试方知色，人用财交始见心

比喻金子用火煅烧才能知道它的成色怎样，人只有通过钱财交往才能看出他心地是否正直。

金砖不厚，玉瓦不薄

指对金砖不因其厚而看重它，对玉瓦也不因其薄而轻视它。比喻对人要一视同仁，公平对待。

紧行无好步

指急忙走路，不会有好的步态。比喻办事操之过急，常常效果不好。

近报喜，远报忧

指报告好消息时，可以到跟前报，以取悦对方；报告坏消息，要离远点报，以免闻者发怒，迁怒自己。

近不过夫妻，亲不过父母

指世上夫妻之间关系最亲近，父母对子女感情最真切。

近官如近虎

指当官的往往翻脸不认人，使人害怕，因此与当官的交往太近了，常常没有好结果。

近火的先焦

指靠近火的东西容易被烧焦。比喻靠灾难近的人最先遭殃。

近人不说远话

指对知己的人不要说疏远的话。比喻亲近的人之间说话应该直截了当。

进了赌博场，不认亲爹娘

指赌博场上的人只认钱不认人。

进门休问吉凶事，看人容颜自己知

指到人家里不要问，只从对方的表情就知道他家里事情的好坏。

进山打虎易，开口求人难

比喻开口求人办事比上山打虎还要难。

经纪的口,判官的笔

经纪:为买卖双方联系撮合而收取佣金的人。经纪人往往能说会道;判官一字千钧,定人生死。指经纪的口与判官的笔右都很厉害,关系到人的切身利益。

井里打水往河里倒

比喻白费力气,办事没有成功。

井里没水四处讨

指自家没有时只好到处求借。

井深槐树粗,街阔人义疏

指深井旁边的土地水分多,树大根粗;繁华街道的路面宽阔,人情疏淡。比喻生活环境优越,人和人之间的友情却疏远、冷淡。

敬酒不吃吃罚酒

指别人敬他的酒不喝,偏要喝受罚的酒。比喻好言相劝不听,只有强迫才行。

敬酒好吃,罚酒难喝

比喻行事应以体面为好,不要等到被人强迫,反而感到难堪。

敬人自敬,薄人自薄

薄:刻薄待人。指尊敬别人,别人就会尊敬自己;待人刻薄,别人也会亏待自己。

九子不忘媒

即使婚后已生了九个孩子,也仍然忘不了当年说亲的媒人。指不能忘记对自己有恩情的人。

久旱逢甘雨,他乡见故知

指久遭干旱喜得及时雨,异乡见到知心老朋友。比喻碰上意想不到的高兴事。

久住邻居为一族

指多年的邻居就像族人一样亲近。

酒肠宽似海,色胆大如天

指好酒的人气量大,重义气;好色的人胆量极大,无所顾忌。

酒逢知己千杯少,话不投机半句多

钟:酒杯。逢:遇。知己:彼此相互了解而情谊深切的人。投机:见解相同。指遇到知心的朋友,话总也说不完;碰到意见不同的人,说半句话都嫌多。比喻志同道合才能使话题广泛而深入。

酒后失言,君子不怪

指人醉酒时说错话,有修养的人是不会怪罪的。

酒后无德

指人喝醉酒后言行有失检点,显露低劣的品质。

酒敬高人,话敬知人

比喻酒敬给志趣品行高尚的人,话讲给知心人听。

酒令大如军令

酒令:席间助兴取乐的游戏。指酒令与军令一样不可违抗。席间戏语。

酒肉朋友短,患难夫妻长

指吃吃喝喝的朋友关系不牢靠,患难与共的夫妻恩爱长久。

酒肉兄弟千个有,急难之时一个无

指酒肉朋友有成百上千个,一旦遇到急难的时候一个也没有了。比喻酒肉朋友不劳靠。

酒坛破了大家断饮,饭碗破了一人断食

指宁肯一人断食,不让众人断饮。比喻宁肯个人牺牲,不让众人受苦难。

酒中不语真君子,财上分明大丈夫

指真正有道德有修养的人在喝酒中不胡言乱语,在钱财上清清楚楚。

救急不救穷

指要救济一时陷入困境的人,不救济长期贫困的人。

救命之恩,如同再造

再造:重新给予生命。指救命等于重新给予生命,恩情最大。

救人须救彻

指帮助人必须帮到底。比喻做好事要完全、彻底,不可半途终止。

救人须救急,施人须当厄

施:施舍。厄:穷困。指救济人要在他穷困的时候,施舍人要在他急需的时候。

舅母门上的老表亲,砸断骨头连着筋

指亲戚关系越来越多。

举手不打无娘子,开口不骂赔礼人

无娘子:指没有娘的孩子。人应当同情不幸者,宽容已经认错赔礼的人。

君知我则报君,友知我则报友

君主了解器重我,我就为君主效命;朋友了解看中我,我就为朋友出力。指哪个对我有知遇之恩,我就竭尽全力报效他。

君子爱财,取之有道

指有道德的人赚取钱财要靠自己真正本领。

君子不跟牛执气

执气:怄气。道德高尚的人不跟不懂道理的人计较。

君子不开口,神仙猜不透

指如果啥话也不说,再高明的人也摸不清他心里想些什么。

君子不念旧恶

指君子胸襟开阔,宽宏大量,不会总把过去的怨仇放在心里。

君子不欺暗室

指君子即使在别人看不见的地方,也不做昧良心的事。

君子不强人所难

指有道德的人不强迫别人做他不愿意做或不能做的事情。

君子不羞当面

比喻光明正大的人有话不怕当面直说。

君子不羞当面,巧言不如直道

羞:以……为羞。指有道德有修养的人不会花言巧语,有话当面直说,没有啥不好意思的。

君子成人之美

比喻君子当促成他人的好事。

君子动口,小人动手

指发生争执时修养好的人讲理,没修养的人动手打架。

君子动口不动手

指君子在发生争端时,总是讲理,不动手打人。

君子防患于未然

未然:没有成为事实。指有远见的人在灾难发生之前就已经做好了防范的准备。

君子矜人之厄,小人利人之危

矜:同情。厄:灾难,困境。指有道德的人同情别人的难处,无德行的人利用他人的危难。

君子绝交,不出恶声

指即使交情断了,也不要大吵大闹,恶语中伤对方。

君子绝交,不露于色

指人格高尚的人和别人断绝来往时,不在表情上显露出来。

君子言先不言后

比喻品德高尚的人有话在事前就讲明白,不等到事后再议论。

君子一言,驷马难追

驷:古代用四匹马拉的车。指品德高尚的人讲信用,话一出口就像是快马飞跑出去一样难以追回,决不随便食言。比喻说话要讲信用。

君子一言,重于九鼎

九鼎:传说夏禹所铸。后用以比喻分量重。指一句话,有很重的分量。告诉人们,说话要重讲诚信。

君子之交淡若水

指君子的交谊像水一样清淡。比喻人和人之间的关系光明正大。

君子重情义,小人重财利

指君子看重的是朋友之间的情谊,小人看重的是物质利益。

K

开店的不怕大肚汉

指经营饭店的不担心顾客吃得多。常比喻敢于承担责任。也比喻售货员欢迎顾客多买。

开弓不放箭

比喻假装出强大的声势与气魄。

开口不骂笑脸人

指对赔着笑脸的人不应开口谩骂。也指不可用粗暴的态度对待恭维的人。

看菜吃饭，量体裁衣

比喻照具体情况处理问题。

看破世事惊破胆，识透人情冷透心

指把世上的人和事看透了，就会心寒意冷，啥事都不敢或不愿做了。

看人看心，听话听音

指看人要看他的内心，听人说话要注意听言外之意。

看人莫看脸，知人难知心

比喻看人不能光看他的外表，因为他的内心深处是难以看透的。

看人下菜碟

指比喻对不同的人采用不同的态度。换句话说，对不同身份的人给予不同的招待，看人行事。这是一种不真诚的待人方式。

糠里榨不出油来

糠里不含油，无法榨出油来。比喻对那些不知情的人，即使想尽办法逼迫，也会一无所获。

糠能吃，菜能吃，亏不能吃；吃让人，喝让人，理不让人

指不能轻易输理吃亏。

靠大树草不沾霜

指大树下的草，霜侵不到。比喻有了权势者的袒护，没人敢欺负。

靠人不如靠自己

依靠别人不如依靠自己。也指依靠别人不如依靠自己信得过的人。

靠人都是假，跌倒自己爬

指凡事要靠自己争取，别人靠不牢。

靠人磨镰刀背儿光，靠人舀饭尽喝汤

指别人替你磨刀只能外表光亮，刀刃并不锋利；别人给你盛饭舀的都是清汤。比喻依靠别人做事常常做不成。

靠张靠李不如靠自己

比喻依靠别人不如依靠自己。

可怜天下父母心

指普天下的父母都为子女操劳而无怨言。

客不送客

指客人离开时由主人相送，其他客人不必送。

客不压主

客人不能排斥或压制主人，在礼节上应遵从主人。

客气不朋友,朋友不客气

指好朋友之间不分你我。

客去主人安

指旧社会贫穷人家招待客人困难,客人走了才感到心安。今也泛指客人走了,主人才安静下心来。

客随主便

指客人要顺从主人的安排。

客随主人约

随:顺从。约:邀请。指客人要听从主人的邀请。

客听主便

指客人听从主人的安排。

空话一场,无谷不长

指光说不干,啥收获也没有。

空口说白话

指说空话解决不了实际问题。比喻只说空话不行动,不能解决实际问题。

空口无凭,立字为据

比喻口头上说的,不能作为证据,只有写下字据才能作为凭证。

口袋里装不住锥子

指锥子装在口袋里,早晚要扎破口袋露出针尖来。比喻事情再隐蔽,早晚也会暴露。

口服千句,不如心应一声

指口服不如心服。

口惠而实不至

指口头上答应给别人好处,而实际上没有行动。比喻言而无信或言过其实。

口开神气散,舌动是非生

指说话多了既费神,又惹麻烦。

口里摆菜碟儿

比喻嘴上说得好听,但实际上并不兑现。

口如扃,言有恒;口如注,言无据

扃:门栓。注:灌注。指说话谨慎的人,说了就算数;信口开河的人,说话不算数。

口是祸之门

指说话不注意,容易惹来祸患。

口是祸之门,舌为斩身刀

指说话不谨慎,难免要招惹祸患。

口是伤人虎,言是割舌刀

指话说得不合适,对人的伤害是很大的,因此说话一定要小心,才不至于招惹是非。

口是心苗

指心里的想法往往从口中流露出来。也指一个人嘴里说出的话能反映出一个人的内心世界。

口水淹得人死

指流言蜚语能把人置于死地。

苦好受,气难生

指宁可受苦受累,也不受别人的气。

快刀斩乱麻

比喻处事果断、干净、利落。

快马一鞭,快人一言

指说出了一句话,就像快马抽上一鞭,飞跑出去,不再回头。形容人说话爽快,做事果断,说到做到。比喻豪爽的人说到做到,言而有信,决不反悔。

宽打窄用

打:打算,计划。指制定计划时应留有余地,执行计划时应严格节省。比喻只有计划时宽一些,使用时注意节约,这样才能不把日子过穷。

捆绑不成夫妻

指婚姻不能勉强。比喻用强制逼迫的方法达不到目的或办不成好事。

困境识朋友,烈火辨真金

比喻只有在困难的环境中,才能看出谁是真正的朋友;只有在艰苦的磨炼中,才能分辨出谁是品德高尚的人。

L

拉架充好人,大多有偏心

拉架:拉开打架的人,进行调解。指当好人拉架的人,大多不公正,存有偏心。

拉口子要见血

比喻做事要看到结果或成效。

来得早不如来得巧

指早来不如来得正是时候。指凡事贵在适时巧合。

来而不往非礼也

指只接受别人送来的礼物,不回赠礼物给人家,这是不符合礼节的事情。比喻应当互助互惠,礼尚往来。

来说是非者,便是是非人

是非:纠纷,麻烦。指谈论他人是非的人,往往就是矛盾的制造者。

来者不善,善者不来

指来的人不怀好意,要怀好意就不会来。指对不怀好意的来人要提高警惕,多加防备。

癞蛤蟆剥皮眼不闭,黑甲鱼剖腹心不死

比喻坏人不甘心失败,总要负隅顽抗。

烂麻拧成绳，力量大千斤

比喻团结起来就有力量。

狼披羊皮更阴险

比喻会假装的坏人更险恶。

狼披羊皮还是狼

比喻会伪装的坏人最终还是坏人。

牢狱不通风

指监狱是封闭的，不能与外界随便串通，随便联系。

老虎打架劝不得

比喻凶恶残暴的人与人之间的矛盾冲突，不能劝解。

老虎花在背，人心花在内

指老虎的花纹在皮毛上，人的计谋在心里。

老虎进了城，家家都闭门；虽然不咬人，日前坏了名

比喻坏人的名声在外，人人都加以防范。

老米饭捏不成团

老米：指缺乏黏性的陈米。指陈米饭再捏也捏不成团。比喻感情不好、不融洽的人是相处不到一起的。换句话说，情感上有隔阂的人难以团结在一起。

老鼠过街，人人喊打

比喻坏人坏事会处处遭到人们的反对和打击。

老乡见老乡，两眼泪汪汪

指出门在外的同乡人，意外见面会感到特别亲热，易于交流感情。

老鸦不会笑猪黑

老鸦：乌鸦。比喻缺点相同的人，不会耻笑对方。

雷击冒尖树

指冒尖的树容易首先遭到雷击。比喻优秀的人，容易遭到妒忌和打击。

冷饭好吃，冷语难受

指人难以忍受冷言冷语的讽刺与嘲笑。

冷汤冷饭好吃，冷言冷语难听

指冷言冷语或冷嘲热讽最使人难以接受。

冷眼观螃蟹，横行到几时

螃蟹：比喻横行霸道的恶人。指人们冷峻地看着那些横行霸道的恶人，这些人总有一天会受到惩罚。

冷雨不大湿衣裳，恶言不多伤心肠

指冷言恶语最容易伤透人的心。

冷灶上着一把儿，热灶上着一把儿

比喻待人处事冷一阵，热一阵。也比喻精于世故的人，对有权有势的人热情，失势或尚未得势的人也不冷淡。

愣的怕横的，横的怕不要命的

愣：傻，呆，鲁莽冒失。横：蛮横。鲁莽的人怕蛮横不讲理的人，蛮横的人怕拼命的人。指只要敢于豁出命就啥都不用怕。

离合自有天意

指旧社会认为人的离散和聚合都是上天的安排。

篱笆不是墙，后娘不算娘

后娘不疼爱不是自己生养的孩子。

篱笆牢靠要打桩，冤家打赢要人帮

指人要有所作为，离不开别人的帮助与扶持。

篱笆扎得紧，野狗钻不进

比喻防范严密得牢固，恶人就没有机会可钻。

礼多人不怪

比喻讲究礼貌，别人就不会怪罪。

礼无不答

礼：指行礼。答：回拜。指当别人对自己行礼的时候，自己不能不回礼、回拜。比喻人和人之间要相互尊敬，不能不讲礼貌。

礼相不周望海涵

比喻礼节有不周到之处，请多宽容。常用作客套话。

礼有经权，事有缓急

经：经常，正常。权：暂时。指讲究礼节要区分经常与权宜的情况，处理事情要分清平时与紧急的情况。也指讲礼节有正常情况与特殊情况之分，事情有一般与紧急之分，不能同样对待。

里言不出，外言不入

比喻家里的话不往外传，就不会招来外人的闲话。

理怕众人评

指道理经过众人评论就会更加条理分明。

理屈者必败

指在情理上站不住脚的人，做事必然要失败。

理正不怕鬼邪

指人有理就不怕邪恶权势。

理正人人服

指在理上站得住脚方能服人。

理直气壮，理亏气短

直：公正，正确。指理由正确、充分，说话气势就盛；言行违背常理，说话底气就会不足。

理直千人必往，心亏寸步难行

指有理到处行得通，没理就会处处碰壁。

鲤鱼找鲤鱼,鲫鱼找鲫鱼

比喻啥样的人就跟啥样的人聚合在一起。

利之所在,无所不趋

指凡是有利可图的地方,人们总是想千方百计地投入其中。

脸皮厚,吃个够;脸皮薄,吃不着

指不怕羞耻的人,能得到便宜;顾脸面的人,啥也得不到。

良辰易遇,善人难逢

指美好的时光容易碰到,而善良的人却难以碰上。

良言一句三冬暖,恶语伤人六月寒

三冬:冬天。听了真诚善意的话,严冬里也会感到温暖;听了恶意的话,酷暑时也会感到心寒。指良言能暖人心,恶语则伤害人。

良药苦口利于病,忠言逆耳利于行

指好药喝起来很苦,但能治病;忠诚的劝告听起来刺耳,但有利于行为。

两斗皆仇,两和皆友

指双方互相斗争,便成仇敌;双方友好相处,便成朋友。

两姑之间难为妇

两姑:丈夫的母亲与姐妹。夹在婆婆与小姑之间的媳妇不好当。

两好并一好

指双方都要好,才能相处融洽和谐。

两好合一好,三好合到老

指双方友好相处才能好到一起,好到底。

两口子打架不用劝,摆上桌子就吃饭

指夫妻之间的矛盾容易化解。

两鸟在林,不如一鸟在手

指看见两只鸟在树林里,不如一只鸟在自己手里。比喻把握住一个切实目标比计划达到两个条件不成熟的目标更好。换句话说,如果没有把握得到很多,还不如从实际出发,把能够得到的牢牢地掌握在手中。

两人一般心,有钱堪买金;一人一般心,无钱堪买针

堪:可,能。般:样,种。指两人一条心,啥事情都能办成;一人一条心,啥事情都办不成。

两山到不了一起,两个人总有见面的时候

指两座山碰不到一起,但两个人总有相见的时候。

两雄不能并立

比喻在同一个地方不能容纳两个互不相让并且强有力的人。

两叶浮萍归大海,为人何处不相逢

浮萍:漂浮在河渠、池塘上的草本植物。世界虽大,但人生在世总有相逢的时候。

邻居好,赛金宝

比喻邻居和睦相处非常重要。

邻居一杆秤,街坊千面镜

邻居的评论如同秤一样准确,像镜子一样清楚。指对一家一户的情况,邻居最了解底细。

临街三年盖不起房

指在路旁建造房屋,过路人说法不一,三年也建造不好。指人多口杂,主意不定,事情难以办成。

临危好与人方便

指别人遇到危难时,应当给予便利与帮助。

伶俐人当媒人,糊涂人当保人

指聪明灵活的人做媒人,因为媒人有利可图;糊里糊涂的人给人作保,因为保人要承担责任。

羚羊的角是灵药,老人的话是珠宝

羚羊:哺乳动物的一类,形状和山羊相似,角可入药,有清热、解毒、平肝、镇痉等作用。指老年人的话是经验总结,能开导人,如同羚羊角一样能治病。

流水下滩非有意,白云出岫本无心

滩:河、海、湖边淹没、水浅时露出的地方。岫:山。比喻人和人相处即使无意,也难免发生纠纷。

流言铄石,众口销金

铄:熔化。销:熔化。流言蜚语能熔化石头,众人的议论足以熔化金属。指流言蜚语的影响极大。也指人多嘴杂能颠倒黑白。

流言止于知者

知:通"智"。指流言蜚语到了有见识的人面前,就消失了。

六亲合一运

旧社会近支亲族休戚相关,命运相连。

六十不借债,七十不过夜

比喻老年人朝夕难保,不宜向人借债或在外留住。

龙多不治水,鸡多不下蛋

比喻人多反而办不好事情。

龙虎相斗,鱼虾遭殃

指龙和虎争斗,殃及到鱼和虾。比喻势力大的人相斗,连累到了周围的其他人。

龙交龙,凤交凤,老鼠的朋友会打洞

比喻啥样的人就跟啥样的人结交朋友。

龙配龙,凤配凤,鹁鸪对鹁鸪,乌鸦对乌鸦

比喻男女结亲要门当户对。

龙生龙,凤生凤

指龙生的是龙,凤生的是凤。比喻有啥样的父母就有啥样的子女。

露丑不如藏拙

旧指与其在人前丢脸,还不如不出头露面,把自己的缺陷隐藏起来。

露水夫妻不长久

比喻不正当的男女关系，不会长久。

路上说话，草里有人

指在路上说话，会被藏在草丛里的人偷听去。比喻不管在哪里说话，都有可能被人家听到。

路上行人口似碑

指路上行人的嘴会像碑文一样对事实作出公正的评论。比喻事实是隐瞒不住的，人们会加以议论。

路遥知马力，日久见人心

指时间长了才会知道一个人品行的好坏，就像走的路远了才知道马的耐力一样。

乱世多新闻

指在动乱年代里，流言蜚语多。

罗汉请观音，客少主人多

指宴请时主人方的陪客多于主客。

锣鼓长了无好戏

比喻时间拖久了，就会把事情办砸。

锣鼓听声，听话辨音

指听人说话时，要注意领会话语里包含的真实想法。

锣鼓听音，说话听声

比喻能从言谈中听出其真正的意图。也比喻听人说话，要像听锣鼓的拍节一样，观察话中的用意、内涵。

M

麻雀莫跟大雁飞

麻雀不可能像大雁那样长途迁徙。比喻做事情不能盲目攀比，要根据自己的能力行事。

麻绳蘸水绳更紧，冤仇释除亲加亲

释除：消除。指冤仇解除后就更加亲近了。

马不吃草不能强按头

指不能强按着马头让它吃草。比喻不能强迫别人做他不想做的事。

马不知自己脸长，牛不知自己角弯

比喻人总是看不到自己的短处或不足。

马听锣声转

比喻有些人常常是看着别人的眼色做事。也比喻只根据别人的意见办事，而没有自己的主见。

马有失蹄，人有失言

指要注意谨言慎行，防止发生误会。

骂人得张口,打人得动手

指要做事情总得有具体的实际行动。

骂人的不高,挨骂的不低

指骂人的人未必就有本领,挨骂的人也不一定软弱。告诉人们不要出口伤人。

骂人无好口,打人无好手

比喻双方争吵时,一旦动手破口打骂起来就不会留情面。

买猪不买圈

指买猪时不会连猪圈一起买下。常比喻娶媳妇只需看女方本人,不必顾及其家庭情况。

卖卜卖卦,转回说话

指卖卜卦的人说的话都是模棱两可,含糊不清,目的在于让人受骗上当。也指以占卜、算卦给人预测吉凶为生的人,往往靠说话打圆场、模棱两可、似是而非哄弄人。

卖卦口,没量斗

占卦算命的人说话犹如没准的斗一样不可相信。比喻满口胡言,不足为信。

瞒得过初一,瞒不过十五

指事情已经做了,即使能瞒过一时,也瞒不过一世,迟早会知道的。

瞒上不瞒下

比喻对上级隐瞒,不让其知道真实情况,对下级却无所顾忌。

瞒天瞒地,瞒不了隔壁邻居

比喻邻居最知道情况,什么事情都隐瞒不了。

瞒债必穷,瞒病必死

指隐瞒不该隐瞒的事实真相将会自己害了自己。

满怀心腹事,尽在不言中

比喻心里装着不少事情,只是不讲出来。

满堂儿女,当不得半席夫妻

指夫妻之间的相互关爱要胜过儿女对父母的孝心。

瞒上不瞒下

谩:欺骗,蒙蔽。指做事可以蒙蔽上级,但欺骗不了下级。

慢工出细活

指精细的产品是经过认真细致地研究,才能慢慢地制作出来。

慢人者,人慢之

慢:怠慢。你怠慢别人,别人也会怠慢你。

忙和尚办不了好道场

比喻急于求成办不好事情。

猫儿得意欢如虎,蜥蜴装腔胜似龙

蜥蜴:爬行动物,通称四脚蛇。猫儿得意的时候和老虎一样欢跃,蜥蜴装腔作势时比龙还厉害。比喻小人一旦得志,便活气神现。

猫儿狗儿识温存

指猫和狗也明白得主人对它的关心与照料。比喻人应当体会别人对自己的温情。

猫狗不同槽,穷富不攀亲

槽:盛牲畜饲料的长方形的器具。旧社会结亲讲究门当户对,穷人与富人一般是不成亲的。

没本钱买卖,赚起赔不起

比喻事情刚起步,只能赢不能输。

没吃鲜鱼口不腥,没做坏事心不惊

指没做过坏事就不会招来麻烦,不必担心害怕。

没得算计一世穷

指过日子不精心算计,就会一辈子受穷困。

没舅不生,没舅不长

旧社会认为外甥家的事全靠舅舅拿主意,想办法解决。

没男没女是神仙

指没有儿女的连扯,生活过得很自在。

没娘的孩子磕墙根,没爹的孩子贵如金

指没娘的孩子没人关爱,没爹的孩子更受母亲的疼爱。

没有不还的债

指欠债总得还。

没有家族是孤独,没有亲戚是寡人

孤:指幼年丧父或父母双亡的人。独:指年老没有儿子的人。指不注重亲情关系,就会变成孤家寡人。

没有拉不直的绳,没有改不了的错

比喻只要下定决心,一定能够改正缺点和毛病。

没有木头,支不起房子;没有邻居。过不好日子

指邻居如同能支起房子的木头一样重要。告诉人们要与邻居友好相处。

没嘴的葫芦

比喻沉默不语的人或不爱讲话的人。

眉毛胡子一把抓

比喻做事分不清主次,轻重缓急。

媒婆口,无量斗

无量斗:也作"没梁斗"。斗是旧时量粮食的一种器具,多用木头制成,方形,上面有梁,便于量准,没梁便没有准头。指媒人的话没准头。旧时媒人为了说成亲事,介绍的情况往往不真实,不可信以为真。

媒人的嘴,刷锅的水

指媒人的嘴就像刷锅的水一样,一点用处也没有。比喻媒人说的话不能相信。

美服人指,美珠人估

指美丽的服饰能引起人们的评论,美好的珠子能引起人们的评估。比喻美好的事物必然会引起人们的品评。也比喻让人注目的事情会招致各种议论。

美言不信,信言不美

指华丽的语言不一定是真实的,真实的语言不一定是华丽的。提示人们不要轻信甜言蜜语。

昧心钱赚不得

昧:隐藏。指违背良心的钱赚不得。

门里说话,要防门外有人

比喻说机密话,要防备隔墙有耳。

门内有君子,门外君子至

君子:这里指道德修养高的人。指如果家里有道德修养高的人,就会有道德修养高的人前来拜访。也指物以类聚,鸟以群分,有君子定能招来君子。

门前大树好遮荫

比喻凭借有权势、有地位的人作依靠,才好办事。

门前结起高头马,不是亲来也是亲

指人一旦有了权势或地位,不是亲戚的人也来认亲。指人趋炎附势,攀附权贵。

门前生瑞草,好事不如无

瑞草:芳草。芳草即使长在门口,也会阻碍人们出入。指做好事做错了地方,还不如不做为好。

门有缝,窗有耳

指门上有缝隙,窗外有耳朵。比喻私下说的话难免不被人听到。

弥天之罪,一悔便消

弥天:满天,形容极大。即使犯了极大的罪过,只要真心悔过改正,罪过也会化解。

蜜蜂酿蜜,不为己食

指赞扬那些不顾自己得失,甘为别人奉献的人。

蜜罐子嘴,秤钩子心

指表面上甜言蜜语,暗地里心存不良。

面赤不如语直

指表面赤诚,不如说话直来直去。

面和心不和

指彼此间表面上和睦,心里却很有成见。

描金箱子白铜锁,外面好看里面空

比喻有些事物表面华丽,内里却空洞乏味。

明理不用细讲

指明摆的道理用不着细讲。

明枪易躲,暗箭难防

指公开的攻击容易对付,暗地的袭击却不好防范。

明人不用细说

指与明白人或聪明人讲话，不需要解释得很清楚，对方就能理解。

明是一盆火，暗是一把刀

比喻表面上待人热情，内心却极其狠毒。

磨刀不误砍柴工

指磨砍柴的刀，虽然费些工夫，但是由于刀口锋利，砍柴砍得更快，并不耽误时间。比喻做事要预先做好充分的准备，虽然费些工夫，但实际上还是加快了工作进度，看起来慢，实际上是快。换句话说，做准备工作所用的时间并不影响工作进度。

莫道人行早，更有早行人

指不要认为自己行动早，还有比自己更早行动的人。

莫信直中直，须防仁不仁

指不要轻信人表面正直，要防备他存心不良，暗下黑手。

莫言家未成，成家子未生；莫言家未破，破家子未大

不要说家业未成，能成家立业的儿子还未成人；不要说家业不曾破败，败家子还没有养大。指家业的兴衰，不可根据眼前情况推断，要取决于子孙日后的贤与不肖。

牡丹虽好，全仗绿叶扶持

比喻人即使再有本领，也需要别人的帮助。也比喻一个再能干的人也需要大家的支持与协助。

N

拿得住的是手，掩不住的是口

手能抓住，口却掩不住。指没法封住别人嘴巴不让讲话。多指秘密总会宣扬出去。

拿人家的手短，吃人家的嘴软

比喻收受了别人的好处，便不能坚持原则或拒绝他，只好替他办事。

拿人钱财，为人消灾

指要了人家的钱财，就得替人家办事，帮助消除灾难。

拿着黄牛便当马

比喻代替别人受罪。

拿着鸡毛当令箭

比喻把有权势者或长辈随便说的一句话当做主要事来完成。

哪个腹中无算盘

指每个人心中都有自己的算计。

哪壶不开提哪壶

比喻专揭别人的短处。

哪有不透风的墙

比喻再秘密的事情，也会透露出信息来。

男要俏，一身皂

俏：俊俏。皂：黑色，指黑衣服。指男子穿一身黑衣服会显得更英俊。

男子无妻财没主，妇女无夫身落空

指男子不娶妻子，家就没人主管财物；妇女不嫁丈夫，终身就没有靠山。

孬人肚里疙瘩多

指坏人肚里的坏道道多。

能拆十座庙，不破一门婚

旧时认为修庙是积德行善的事，但宁可拆除十座庙宇，也不轻易拆散一对夫妻。指破坏别人的婚姻是最不道德的事情。

能吃过头饭，不说过头话

指宁可吃下超过饭量限度的食物，也不能说出不切合实际或刺激人的话。比喻说话慎重是非常重要的。

能狼难敌众犬

比喻一个人的能力再大也难以招架众人。

能治一服，不治一死

指真正的男子汉只是想打败对手，使其心服口服，并不想打死他。

你拨你的算盘，我打我的主意

比喻各人有各自的打算，谁也不肯吃亏。

你敬我一尺，我敬你一丈

指以超过对方十倍的方法来回报对方所采用的态度。换句话说，对别人给予自己的好处，或别人对自己的敬重，自己要加倍地酬报。

你一言，我一语

比喻两人互相交谈或众人发表意见、议论纷纷。

你有来言，我有去语

形容善于付对。

你有你的佛法，我有我的道行

佛法：佛的法力。道行：修行的功夫，比喻技术和能力。比喻各自都有自己特别的专长和办法，互相无法控制。

你走你的阳关道，我过我的独木桥

指两个好朋友闹纠纷时常说的话，表示以后各走各的路，互不干涉。

逆风点火自烧身

比喻想尽千方百计去害人，最终害的是自己。

逆子顽妻，无药可治

比喻大逆不孝的儿子与胡搅蛮缠的妻子是最不好管束的。

娘家屋住不老，亲戚饭吃不饱

指娘家再好，姑娘也要出嫁，不能一直住下去；亲戚再好，也不能一直靠他们的接济过日子。劝人要自力更生。

娘勤女不懒

指母亲手脚勤快,女儿受影响自然也会勤快。

娘想儿,流水长;儿想娘,筷子长

指母亲想念儿女之情是无穷无尽的,而儿女怀念母亲之情却少得很。

鸟怕暗箭,人怕甜言

指人往往因听信甜言蜜语而上当受骗,如同鸟儿常被暗箭射死一样。

鸟无头不飞

比喻没有领头的人,事就办不好。换句话说,做事要有人带头,否则,事就做不好,一事无成。

尿泡打人不痛,骚气难闻

尿泡:膀胱。比喻小人的卑劣行为虽然对人的伤害不大,却能造成不好的影响。

宁拆七座庙,不破一门婚

指宁可毁庙得罪神灵,也不去破坏人的家庭、婚姻。指拆散一对夫妻是很大的罪过。

宁吃过头饭,不说过头话

过头饭:超过饭量的饭或过多的饭。过头话:言过其实的话,夸大的话。指话不可以说得超过了限度。也指偶尔多吃了一些过量的饭还无大妨碍,切不可说夸大的话、不实的话,否则后患无穷。

宁得罪君子,莫得罪小人

指君子为人厚道,即使对其有过失的地方,也能得到宽容;而小人为人苛刻,稍有得罪,便记恨在心。指为人处世要看清不同品行的人。

宁给饥人一口,不送富人一斗

指接济那些困难危急的、需要帮助的人,不必给富人锦上添花。

宁和聪明人打一架,不和糊涂人说句话

指告诉人们不要和不懂是非的人打交道。

宁交口拙舌笨实心汉,不交油嘴滑舌机灵鬼

指交朋友要交真心热情,诚恳老实的人。

宁交双脚跳,不交眯眯笑

双脚跳:指脾气暴躁,心直口快的人。指宁可交脾气暴躁、性情直爽的朋友,决不交口是心非、笑里藏刀的恶人。

宁救百只羊,不救一条狼

比喻对坏人千万不能有慈善同情之心。

宁看贼挨打,不看贼吃耍

指不要只看到坏人吃喝享受,要看看他们被惩罚的时候。指不要被表面现象蒙骗与误导,要考虑后果。

宁可不识字,不可不识人

指从本质上知道一个人很重要。

宁可荤口念佛,莫将素口骂人

荤口:吃肉的嘴,指凡人。素口:吃斋的嘴,指佛教信徒。指张嘴骂人是素质低,没有修养的表现。

宁可信其有,不可信其无

指对含糊不清的消息,宁肯相信其有,早作防备,也不要确信其无,而不作防范。

宁可正而不足,不可邪而有余

指宁可做正直的人,即使还做得不够,也不能做一个十足的邪恶之人。

宁肯不识字,不可不识人

比喻如果认不清人的本质的话,是要吃亏受骗的。

宁恼远亲,不恼近邻

指邻里间朝夕相处,遇事可相互照应,所以宁可得罪远方的亲戚,也不能得罪左邻右舍。

宁欺生人,莫欺死者

指不能亏待死去的人。

宁敲金钟一下,不打破鼓三千

比喻宁愿与有教养而高尚的人作短时交流,也不愿和平庸卑劣的人长期往来。

宁舍十亩地,不吃哑巴亏

比喻宁肯在明处遭受巨大的损失,也不能在暗中吃亏。

宁失一人喜,不结千人怨

指宁肯得罪一个人,也不能让大家不满意。

宁要实话粗一点,不要谎言像得很

意谓人宁可听粗鲁的实话,也不愿听美丽的谎话。

宁与千人好,不与一人仇

意指和人友好相处,千人也不嫌多;但与人结怨,一个人都不少。

牛不喝水难按角

说明难以强迫人去做他不想做的事。

牛无力气拉横耙,人无道理说横话

牛无力了拉起耙来就会歪歪晃晃,人没理了说话就会蛮横狡辩。

女不女,男不男

指女不像女,男不像男。比喻不伦不类,不成体统。

女大不认娘

指女子长大成家后,往往难照顾娘家。

女大不中留

指女孩子长大到一定年龄就该出嫁,不应留在娘家。

女儿大了理当嫁,女大不嫁人笑话

指女子长大后理应出嫁,不然就会让人讥笑。

女儿大了由不得娘

指女儿长大了,自有主见,婚事等由不得母亲做主。

女怕嫁错郎，男怕入错行

指女子选错丈夫和男子选错职业一样，一定要十分慎重。

女人心，海底针

比喻女人的心事如同沉入海底的针一样不可揣测。

女生外向

比喻女子终须出嫁。

女婿顶半个儿

指女婿在岳父母前，承担半个儿子的义务。

女子的泪，男子的跪

指女子的泪与男人的下跪是最能打动人心的。

P

爬不上杨树爬柳树

指杨树太高爬不上去的话就去爬柳树。比喻投靠不上这个主子，就去投靠另一个主子。

爬山谈虎，过海说龙

指形容进入啥环境说啥话。

拍马有个架，先笑后说话

指抬举别人前先露出笑脸讨好别人。

傍生不如傍熟

傍：依靠。指依靠生疏的人不如依靠熟悉的人更牢靠。

咆哮者不必勇，恬淡者不必怯

比喻大喊大叫的人，未必就是勇敢的；语调温和的人，不见得就是胆怯的。

跑出去的马好抓，说出去的话难追

指跑掉的马还能抓回来，说出去的话却再也收不回来。告诫人说话要谨慎。

赔了夫人又折兵

比喻想占便宜，反而吃了大亏。

盆打了说盆，碗碎了说碗

比喻要就事论事，不要牵扯别的事情上。

朋友间说不得假话，眼睛里容不得灰沙

指朋友之间容不得虚伪，就如同眼睛里容不得沙子一样。

朋友莫交财，交财仁义绝

比喻交朋友要交心，假如是交财的话，则财断义绝。

朋友妻，不可欺

指对朋友的妻子要尊重，不可以欺侮。

朋友千个少，冤家一个多

指朋友再多也不算多，冤家只有一个也不算少。指要多交友少结冤仇。

朋友越多越好,冤家越少越好

比喻朋友不嫌多,而仇人多了就会带来很多祸患。

捧饭称饥,临河叫渴

指捧着饭碗叫肚子饿,站在河边叫口渴。比喻人心贪婪。

碰回钉子学回乖

比喻遭受过一次失败,就会从中省悟出一番道理,提高一次认识。

碰见鬼总得烧把纸钱

纸钱:祭奠鬼神的冥币。比喻碰到坏人总得花钱消灾。

碰上好事不挑礼

指遇到喜事不要在礼貌规矩上挑剔别人。

批评人,当面好;夸奖人,背后好

指应该当面批评人、背后夸奖人。

偏怜之子不保业,难得之妇不主家

怜:爱。溺爱的子弟守不住家业,受宠的媳妇难以操持家务。比喻受宠被偏袒之人不会成为有能力的人。

骗朋友只有一次,害自己却是终身

指骗朋友一次,自己却会永远失去友情与信任。

骗人骗自己,害人害自己

指欺骗别人其实是欺骗自己,损害别人其实是损害自己。

骗子见不得真相,蝙蝠见不得太阳

指骗子最害怕真相暴露,如同蝙蝠不敢见到阳光一样。

贫不与富斗,富不与势争

指穷人不和富人斗,富人不和有权势的人相斗。

贫贱亲戚离,富贵他人合

指贫贱时,连亲戚也会疏远;富贵时,毫无关系的人也会投靠。

贫贱之知不可忘,糟糠之妻不下堂

知:知心朋友。糟糠之妻:贫穷时患难与共的妻子。指人在发迹时不能忘记贫贱时的朋友,不能抛弃患难与共的妻子。

贫穷患难,亲戚相救;婚姻死丧,邻里相助

指没钱或遇到困难时,亲戚伸出援助之手;婚丧嫁娶,左邻右舍都来帮忙。

平生不作皱眉事,世上应无切齿人

切齿:咬牙切齿,表示痛恨。一辈子不做愧对良心的事,世上就没有怨恨自己的人。

平时不烧香,临时抱佛脚

烧香:拜神佛时把点着的香插在香炉中。临时:接近事情发生时。指平常不烧香拜佛,临到有急难时才祈求神佛救助。比喻平时不积极做准备,临时慌忙应付。或平时没有联系,临时慌忙恳求,是没有效果的。

平时肯帮人，急时有人帮

指平时热心助人，到自己有急难时也会得到别人的帮助。

瓶口扎得住，人口扎不住

指瓶口可以封住，人的嘴却无法封住。比喻谁也无法阻止他人的言论。

泼出的水，说出的话

指话一说出口，就像泼出去的水一样，不能收回。比喻说话算话，要讲信用。

婆婆有德媳妇贤

指婆婆讲道德，儿媳自然贤惠。

婆婆嘴碎，媳妇耳背

耳背：听力差。婆婆爱唠叨，媳妇装作听不见。指聪明儿媳处理婆媳关系的办法。

破车损坏道路，坏人殃及邻里

殃：祸害。坏人常常危害到邻里，如同破车损坏道路一样容易。

破人买卖衣饭，如杀父母妻子

买卖：生意上的交易。指破坏别人的生活来源，如同杀了他的父母妻子儿女一样。比喻破坏人家的生意，如同杀人的父母妻子那么严重，会引起别人的痛恨。

破人亲，九世贫

比喻破坏人家的婚姻最缺德。

破人生意如杀人父母

指破坏别人的生意，断人活路，就如同杀死别人父母一样令人切齿痛恨。

Q

七窍里冒火，五脏里生烟

七窍：指两眼、两耳、两鼻孔和口。五脏：指心、肝、脾、肺、肾五种器官。指七窍往外出火苗，五脏往外冒烟。比喻情绪激动，愤怒到了极点。

妻大两，黄金日日长；妻大三，黄金积如山

旧社会认为妻子比丈夫年长，能帮助丈夫操持家务，使家业兴旺。

妻贤夫祸少，子孝父心宽

指妻子贤惠，丈夫就不会惹是非；儿子孝顺，父亲就会感到安慰。

欺人之心不可有，防人之心不可无

比喻为人处世不能欺侮别人，但不能不防备别人欺骗自己。

骑驴的不知赶脚苦

赶脚：被人雇用赶驴或马的人。指生活条件好的人体会不到处境艰难的人的痛苦。

起了风，少不得要下点雨

比喻别人开了口，总得给点东西应付一下。

起死人，肉白骨

指把死人救活，使白骨再长出肉来。比喻给人以极大的恩惠。

气话好说，气事难做

比喻恼人的话说说也无妨，但恼人的事却不能做。

气可鼓而不可泄

比喻做事情时要给人鼓励，不可使人泄气。

千把明刀容易躲，一枝暗箭最难防

比喻公开的攻击再多也容易招架，暗中的偷袭再少也难以防范。

千穿万穿，马屁不穿

比喻人们通常不会拒绝奉承讨好自己的行为。

千叮咛，万嘱咐

比喻再三嘱咐。

千防万防，家贼难防

比喻再严加防范，也防范不了家庭或集体内部出现的盗贼。

千个屠户一把刀

指屠夫再多，宰杀牲口时使用的工具都是刀。比喻方法相同。

千金难买信得过

指能得到别人的信任，很不容易。

千金难买中意的话

中意：符合心意。指中意的话，比千金还贵重。

千金之裘，非一狐之腋

裘：皮衣。腋：指兽腋下的皮毛。指价值昂贵的皮衣，不是用一只狐腋下的皮毛做成的。比喻事业的成功是依靠大家的智慧与力量的结果。

千里搭长棚，没有不散的宴席

搭长棚：指遇上婚丧喜事，客人多，屋里容纳不了，就在屋外设棚子招待，事情完了就拆除。指即使长棚搭设有千里长，筵席早晚也要结束。比喻事物有兴旺的时候，也一定有衰落的时候。

千里送鹅毛，礼轻人意重

指礼物是从很远的地方带过来的，虽然礼送得轻了一点，但因是长距离捎带而不同寻常，因此礼虽轻，情意却深重。

千年文约会说话

文约：契约。指契约的凭据作用不会因为时间的久远而作废。

千钱买邻，八百买舍

比喻有一个好邻居比有一栋豪华住宅更重要。

千钱难买一个愿

指能争取到人表示愿意是极为不易的。

千日行善，善犹不足；一日行恶，恶自有余

指长期做善事，仍然觉得做得不够；做一次坏事，已经太多了。

千日斫柴一日烧

斫：用刀斧砍。指为某事已做了长期准备。比喻长时间地作准备，是为了一时的需要。也比喻长期积累的财富一下子就消耗掉了。也比喻任何成就都来之不易，需要长期不断地奋斗。

千夜做贼一夜穷

指做坏事总会有暴露的一天。

牵牛要牵牛鼻子

比喻处理问题要抓住问题的关键。

前留三步好走，后留三步好行

指走路时，和前后的人保持一点距离，才迈得开步子。比喻说话、做事要留有回旋的余地，以防万一。

前门不进师姑，后门不进和尚

师姑：尼姑。旧时妇女语。指不跟容易招惹是非的人往来。也指要为人正派，光明正大，才不招人非议。比喻为人要清白。

前面乌龟爬开路，后面乌龟照样爬

比喻盲目仿效前人，缺乏创举。

前怕狼，后怕虎

指往前走怕遇上狼，朝后退又怕碰上虎。也指做事没气魄，顾虑重重，谨小慎微，畏头缩脑。

前人栽树，后人乘凉

指前人为后人造福荫。

前山打鼓前山应，后山唱歌后山听

比喻人和人之间只有共同的志向才能产生共鸣。

前言不搭后语

比喻说话或写文章前后相抵触、缺乏条理性。

钱尽情义绝

指钱财一旦用尽，情义便随之断绝。比喻建立在金钱之上的情义不会长久。

钱可通神，财能役鬼

旧指用金钱能够办成一切事情。

强龙不压地头蛇

地头蛇：比喻地方上的恶势力。比喻外来的强权斗不过当地的恶势力。也泛指外来人力量再大也斗不过地方恶霸。

强拧的瓜儿不甜

比喻用强迫手段办不成好事。此语多指婚姻。

强迫不成买卖，强求不成夫妻

指买卖与婚姻都得出于双方自愿；一方强求，成不了事。

强中更有强中手

指强者中还有更强的。比喻技艺或韬略无止境。

墙打八尺，也没有不透风的

指再厚的墙也能透风。比喻再秘密的消息也藏不住。

墙倒众人推，鼓破乱人捶

比喻人一旦失势，众人就会群起攻之。

墙里讲话墙外听

指自认为机密的谈话，也会被人家偷听去。

墙有缝，壁有耳

墙有缝隙，隔墙有耳。比喻秘密容易暴露。

巧妻常伴拙夫眠

指美貌伶俐的女子往往找的是呆笨的丈夫。

巧媳妇不怕挑剔婆

指只要媳妇心灵手巧，就不怕婆婆百般挑毛病。

巧言不如直道

巧言：花言巧语。直：直截了当。道：说。指说话应直截了当，不绕弯子。也指花言巧语地绕弯子说话，还不如直截了当，实话实说。

巧中说话，巧中有人

指背后说的话正巧被有关的人听见。也指虽然说话做事很巧妙，但也难免会被人知道。

亲故亲故，十亲九顾

指亲戚故旧之间自会互相照应。

亲家朋友远来香

指离得远的亲戚，来往少，彼此亲热敬重。

亲了割不断，假了续不上

续：连。是亲戚，刀也割不断；不是亲戚，连也连不上。

亲戚门外客

指亲戚是外人，不可过问家事。

亲戚有远近，朋友有厚薄

比喻亲戚、朋友之间的关系也是有远、有近，感情有厚有薄之分的。

亲望亲好，邻望邻好

指亲戚邻居间总是盼望彼此过上好日子。

亲向亲，故向故

指亲朋之间，总是互相照顾。

亲兄弟，明算账

比喻即使关系亲如兄弟，在钱财往来上也必须账目清楚明白。

亲由攀起，友自交来

指亲戚朋友都是通过结交亲密起来的。

亲有远近，邻有里外

指同是亲戚邻里，也有亲疏远近之分。

亲则不谢，谢则不亲

比喻亲戚朋友之间不必太客气。

秦桧还有三个相好的

秦桧:南宋的奸臣,借指坏人。相好:关系密切。指就连秦桧这样的奸人也有几个关系好的人。比喻坏人也不是孤单的,也有自己的狐朋狗友。

禽有禽言,兽有兽语

比喻禽兽也有交流信息、表达感情的形式。

青梅竹马,两小无猜

形容幼年时代,男女在一起天真无邪嬉戏的情形。

青山不老,绿水长存

指来日方长,后会有期。

轻人还自轻

轻:轻视,看不起。指对别人态度傲慢的人,最终显示了自己的轻薄无礼。也指轻视别人,实际上是轻视自己。

清官难断家务事

指家务事比较琐碎复杂,外人不知道情况是很难处理其中的是非与纠纷的。

清酒红人面,白财动人心

酒能红了人的脸,财能打动人的心。指金钱能改变人的原来想法。

清水下杂面,你吃我看见

指用清水煮杂面,味涩不好吃,你愿吃就吃,我只看不吃。意谓你愿干就干,我在一旁观望。

情越疏,礼越多

指双方情感越是疏远,人们之间的礼节越是烦琐。换句话说,关系密切的,自然会相互包涵谅解,无须过多礼节;关系疏远的,就需要多注意礼节,免得礼仪全非而产生是非。

请教别人不蚀本,舌头打个滚

比喻向别人请教问题,只要动动舌头、说句客套话就行了。

请客不到恼煞主

请的客人久等不来,会使主人非常急躁。

请客吃酒要量家当

指做东请客要根据自己的经济实力。

请客容易等客难

请客时,长久等待客人是不好受的。

请神容易送神难

指请神下到凡间容易,把神送走就不容易。比喻请别人解决问题容易,但想打发他走,就要有所破费。

穷帮穷,富帮富

指穷人帮助穷人,富人帮助富人。也指贫穷阶层的人找穷人帮忙扶持,互相结成团体,不会与富人打交道。

穷富不认亲

指旧社会人很势利,贫富悬殊的人家,是亲也互不往来。

穷汉怜穷汉，黄连近苦瓜

比喻穷人之间互相帮助，互相照应。

穷在闹市无人问，富在深山有远亲

指穷人即使生在闹市之中，也无人与他来往；而富人纵然是身处深山老林，也会有人去攀故认亲。

穷遮不得，丑瞒不得

指贫穷包盖不住，丑事隐藏不了。

求人须求大丈夫，济人须济急时无

指应向乐于助人的人请求帮助关照，应给急需帮助的人提供帮助。

求神要烧香

指求人办事需要送礼物。

求灶头不如告灶尾

灶头：掌勺的人，指掌权的人。灶尾：烧火的人，指手下干活的人。比喻向上求情还不如向具体管事的人员求情有结果。换句话说，向当官的请求通融关系，还不如请求他手下的人更有效果，事情更容易办妥。

求只求张良，拜只拜韩信

指求人只去求像张良那样的谋士，用人只用如韩信那样的大将。比喻求人办事，要选对对象，不可盲目乱投门路。

娶个媳妇过继出个儿

旧指儿子娶了媳妇之后，和父母关系逐渐脱离，像过继给别人一样。

去时留人情，转来好相见

指与人相交应讲人情，以便日后相见。

劝了皮劝不了瓤

瓤：水果的内部。比喻劝说不起效果。

却之不恭，受之有愧

指接受礼物或受到礼遇，心里感到不安。

R

让礼一寸，得礼一尺

指礼让他人，自己也获益大。换句话说，恭敬礼让，敬人以礼相待，别人会更加敬重你。

让人三分不吃亏

比喻对别人谦让一些，不但不会受损失，反而会得到益处。

饶你奸似鬼，吃了洗脚水

饶：连词，与“尽管”、“虽然”意思相近，表示让步。指人纵然比鬼还奸诈，也有遭人暗算的时候。

惹不起总怕得起

劝解人们为了避免麻烦，最好不要去正面硬碰那些蛮横不讲道理的人。

热不过火口，亲不过两口

指夫妻间的关系最亲密火热。

热气呵冷脸

形容恭顺谨慎、忍气吞声的表情。比喻低声下气地向人求助。

热心人招揽是非多

热心人：指热情地为别人办事的人。指热情地为他人办事，常常会招来许多闲话。也指不要过问闲事，管好自己就可以了。

热心闲管招非，冷眼无些烦恼

指人假如对别人的事过于热心、爱管闲事，招来的麻烦就多；反之，对别人的事袖手旁观、置之不理，烦恼自然会少。

人爱富的，狗咬穷的

旧指富人受尊重，而穷人连狗都敢欺侮你。

人伴贤良品自高

贤良：指有德行、有才能的人。指与有德行、有才能的人交往，自己也会变聪明，也会增长才能。也指人所处的环境很重要，应当多跟德才兼备的人交往，才智、品行自然就会提高。

人不可忘本

指人不能忘记生你、养你的父母。也指不要忘了别人的恩情。

人不亲土亲，河不亲水亲

指同乡应相互关心，相互照顾。

人不求人一般高

指人假如无求于人，就不必低声下气。

人不说话理说话

指有理的人，即使不说话，理也在他的一方。劝导人们做事要讲理。

人不为己，天诛地灭

旧时认为人为自己活着，是天经地义的。

人不知，鬼不觉

指极言办事要秘密，无任何人知道。

人不知亲穷知亲，心不知近苦知近

指人只有在穷苦艰难时，才能发现真正和自己亲近的人。

人串门子惹是非，狗串门子挨棒槌

指喜欢串门的人容易招来麻烦，令人厌恶。

人多成王

指人数多了，势力就大，就可以成为支配其他力量的首领。也指人多势众可以左右整个局势。比喻人多势众气势强大，有所依靠，任何事都不怕。

人多出韩信

韩信：汉初刘邦手下一位有谋略、善用兵的将领。比喻人多就会有好计策。

人多出圣人

圣人:旧时指品德最高尚、智慧最高超的人。比喻大家的智慧连在一块,就能产生像圣人那样的智慧。也比喻群众中也有智慧超群、品德高尚的人。

人多点子多

指人多处理问题的办法就多。

人多讲出理来,谷多舂出米来

指人多议论多,互相启发与补充,就能讲出道理来,如同谷多会舂出米来一样。也指众人见识高明。

人多口杂

比喻人多建议多,难以取得一致。

人多力量大,柴多火焰高

指团结起来力量大。比喻人多力量就大。

人多乱,龙多旱

指人多了反而办不成事。

人多人强,狗多咬死狼

指人多力量大,再强大的对手都能战无不胜。

人多人强,蚁多咬死象

指人多力量就强大,如同小蚂蚁多了也能咬死大象。

人多为强,狗多为王

指人多了势力就壮大,如同狗成了群就不好招架一样。

人多心不齐,鹅卵石挤掉皮

指人多思想不容易统一,常常互相争斗,如同鹅卵石互相挤破表面一样。

人多遮黑眼,兵多吃闲饭

指人多反而办不成事。

人恶礼不恶

指他人虽品行不好,但我仍以礼相待。比喻假如对方凶恶不讲道理,仍可对他以礼相待。

人恶人怕天不怕,人善人欺天不欺

指恶人逞强,只是一时,终将受到上天的惩罚;好人行善,终将得到老天的保佑。

人防虎,虎防人

人防着老虎,老虎防着人。指对立双方互相都在防范着。

人非草木,孰能无情

指人不是草木,谁能没有感情。比喻人都是有感情的,即使表面不显露出来,内心里也发生变化。

人合心来马合套

套:指马笼头。指彼此性情相投,配合密切。

人敬我一尺,我敬人一丈

指别人对我好一点,我就要加倍报答。

人看对眼,货看顺眼

对眼:符合自己的眼光、标准。结交朋友要志向相同,志同道合;如同买东西要随心满意一样。

人靠心,树靠根

指人有一颗善良高尚的心,才能活得有意义,如同树有粗壮的根才生长茂盛一样。

人有善念,天必从之

指人如果有善良的心愿,连老天都会成全他。

人可以和虎狼搏斗,却无法和苍蝇争吵

指人可以和强大的对手拼死争斗,却不能与卑鄙的小人一争高低。

人口快如风

指消息传播的速度极快。

人忙神不忙

指人祈求祷告忙个不停,神却不紧不慢。换句话说,有所求的一方心情急切、着急忙碌,被求的一方却若无其事、漫不经心。

人没伤虎心,虎没伤人意

比喻人不伤害别人,别人也不会加害于他。

人面相似,人心不同

比喻人的外貌虽然相似,但心里想法都不一致。

人面咫尺,心隔千里

咫尺:距离很近。人和人靠得很近,心却离得很遥远。比喻人心叵测。

人怕当面,树怕剥皮

指当着人前碍于情面,话不好说,事也不好办。

人怕恶人,鬼怕凶神

指恶人谁都害怕。

人怕横的,马怕蹦的

指蛮横的人难对付,乱蹦乱跳的马不好骑。

人怕揭短,龙怕揭鳞

指人都害怕别人揭穿自己的短处,如同龙害怕被揭去鳞片一样。

人怕敬,鬼怕送

指人都喜欢让人尊重,只要你敬重他,他也会敬重你,对你友好;鬼怕人送,你恭恭敬敬地送走它,它就不再来作怪。

人怕理,马怕鞭,蚊虫怕火烟

指人最信服的是道理,如同马屈服于鞭子、蚊虫屈服于火烟一样。

人怕齐心,虎怕成群

指人团结一心,如同老虎成群一样,啥也阻挡不住。比喻大家团结一致就会产生强大的力量。

人怕输理，狗怕夹尾

指人理亏就会气短，就像狗夹尾逃跑一样狼狈。

人前教子，背后劝夫

指教育孩子不必避人，而规劝丈夫却不宜在公开场合进行。

人情比纸薄

指人情比纸片还要薄。比喻人的关系冷淡。

人情大似圣旨

指旧时认为人情最重要，往往比皇帝的圣旨作用还大。

人情大似债，头顶锅儿卖

指欠别人的人情比欠债务更难受，宁可把吃饭的锅顶着卖了，也要还上人情债。

人情留一线，日久好相见

指待人要留些情面，以便今后相遇。

人情人情，在人情愿

人情：礼物，送人情即送礼物。指给人送礼，要自己愿意才行。也指不能强迫别人送人情，要出于自愿。

人情若像初相识，到底终无怨恨心

指人与人相处，善始容易善终难，如果一直像初相识那样善待对方，就能长存友谊。

人情一把锯，你一来，他一去

指送礼就像拉锯一样，要有来有往。比喻亲戚朋友间要礼尚往来。

人去不中留

中：适合。指人家去意已决，不应强作挽留。换句话说，人既已决意要走，过分挽留也于事无补，不如顺其自然。

人去不中留，留人难留心

人要决意离去时，不要勉求强留，因为即使留住人也留不住他的心。

人若有心病，猫叫也心惊

指人如果做了恶事就心底发虚，受不住一点惊吓。

人善有人欺，马善有人骑

指人过于善良，就会被人欺负，如同马过于驯服，啥人都可骑一样。

人生何处不相逢

指亲友别离之后定有再次见面的机会。比喻人生中总有相逢的机会。

人生面不熟

指双方完全不相识。

人生难得遇知音

比喻人生在世，最难得的就是能遇到知心朋友。

人生七尺躯，畏此三寸舌

指高大的身躯往往因为小小的一句话而招来杀身之祸。

人生丧家亡身,言语占了八分

指造成家破人亡的主要原因是说话不小心。也指祸从口出,说话要谨慎,以免招惹祸患。

人是衣服马是鞍

指人穿上好衣服就显得漂亮俊气,马配上好鞍子就显得雄壮。比喻人的衣着修饰很重要,能给人增加精神。

人熟好办事

指办事时,人员熟是非常有利的条件。

人熟礼不熟

指再熟悉的人在礼节上也是应该认真的。

人熟理不熟

指人虽相熟,但仍要照章办事。

人死不结怨

指人死仇解,活着的人对死者要化解矛盾。

人随大众不挨骂,羊随大群不挨打

指人说话做事只要跟着多数人就不会出错,就不会受责骂,如同羊随着羊群一起走,就不会挨鞭子抽一样。也指人说话做事能随着时代走,就不会吃亏。比喻人说话做事不要独出心裁,要附和多数人的思想。

人抬人高

指双方之间相互敬重。

人抬人高,水抬船高

指赢得大家的扶持和抬举,人的地位就会升高,如同水涨会把船抬高一样。

人无伤虎心,虎无伤人意

比喻只要自己不存心害人,别人也不会轻易伤害你。

人心都是肉长的

指人都是富有感情、有同情心的。

人心隔肚皮

指人心有肚皮隔着,相互看不见。比喻各人有各人的想法,难以揣测别人真实的意图。慨叹人和人彼此难以真正通融。

人心换人心

指用真心换取别人的真心。换句话说,自己真诚对待别人,别人才能真诚对待自己。

人心齐,海可填,山可移

指人团结一心,就能产生排山倒海的强大力量。

人心齐,泰山移

泰山:五岳之一,古人以它作为高山的代表。指团结一心,就能产生排山倒海的力量。也指只要人同心协力,连泰山都能给移走。比喻人心齐,团结一致,力量就强大。

人心是肉做的

指人都是有感情、有同情心的。

人言不足恤

恤:顾虑。指对传言闲话不必放在心上。

人言未必真,听言听三分

人言:指传言。指别人的传言不一定都是真实的,听的时候不能完全相信,要注意思考和加以分析。

人要忠心,火要空心

指为人必须忠诚,就像火要空心才能燃烧旺盛一样。也指人要忠诚厚道,才能把事情办好,如同生火时柴草要架空,火才能烧旺一样。

人硬了伤钱,弓硬了伤弦

指人过于刚强,会招灾损财;如同弓过于强硬,容易拉断弦一样。

人有见面之情

指人和人有一面之交,凡事就会留有情面。

人有人路,鬼有鬼路

人行走有人行道,鬼来往有鬼门道。多指捣鬼也有门路与窍门。

人有三分怕虎,虎有七分怕人

比喻好人怕恶人,恶人更怕好人。

人怨语声高

比喻人心里有怨气,说话的声音就大。

人在难中好救人

难:灾难。好:乐意。指处于灾难中的人,对灾难深有体会,因而会全力救助别的落难者。

人在人情在,人亡两无交

指人活着的时候,交情自然存在;相关的人一死,双方也就没有啥交情了。比喻人际关系只是情面上的事,人死即亡。感叹人情势利,世间炎凉。

人在事中迷,就怕没人提

指人遇事头脑容易不清醒,需要他人指点迷津。

人嘴两张皮

指说话没有原则,爱咋说就咋说。有时也指事情任由别人评论。

人嘴两张皮,各说各的理

指人长着一张嘴,谁都能讲出自己的道理。

忍为高,和为贵

比喻为人处世,当以忍让为高,和气为好。

忍一时之气,免百日之忧

比喻能忍耐一时的愤怒,一生就不会有苦恼。

认理不认人,不怕不了事

指凡事只讲道理,不讲情面,就没有办不好的事。

日长无好饭，客长无笑脸

指客人住的时间长了主人不可能总是好饭相待、笑脸相迎。指人和人相处的时间长了，总会有照顾不到的地方。

日出万言，必有一伤

指每天要说很多话，其中必然有不妥当的言辞。也指话说得太多，一方面，就容易伤神伤气；另一方面，说话说多了，容易在无意之间伤害别人。

日间不作亏心事，半夜敲门不吃惊

指不做亏心的事，心里安然，即便半夜有人敲门也不惧怕。

日远日疏，日亲日近

指来往少就越来越疏远；来往密切，关系就越来越亲近。也指不经常在一起，就会一天比一天疏远；经常在一起，就会一天比一天亲近。告诉人们，人和人的关系，交往越频繁就越亲密，联系越稀少就会越疏远。

容情不举手，举手不容情

指双方较量，若讲情面就不动手，而一旦动手就决不留情面。

柔能胜刚，弱能克强

指柔弱的人往往能战胜刚强的人。

肉炒熟，人吵生

肉越炒越熟，人和人却是越争吵越疏远。

肉中刺，眼中钉

比喻心目中最痛恨的，不能容忍的人。

入山不怕伤人虎，就怕人情两面刀

指人际交往中，最可怕的是口是心非，两面三刀的奸诈小人。

入山擒虎易，开口告人难

告：求告。求人帮助比到山里捉老虎还难。多指旧时人情冷淡，难以得到救助。

入山问樵，入水问渔

指进山向打柴的问山路，渡水向打鱼的问水情。比喻要善于向内行人或知情人学习。

软刀子割头不觉死

比喻用卑劣的手段暗中害人，被害人到死都不明白。

若信卜，卖了屋

比喻卜占人的话不能相信，否则会穷得连自己住的房子都变卖掉。

若要好，大做小

大、小：指身份的高低。指如果想顺利地把事情办好，就得自降身份，态度恭敬地对待别人。也指办事要学会谦让。

若要人不知，除非己莫为

指做了坏事，总能被人知道。

若知牢狱苦，便发菩提心

菩提：佛教用语，指觉悟的境界。指如果早知道干坏事要受牢狱之苦，还不如原来多做些好事。

弱不可以敌强，寡不可以敌众

指柔弱抵挡不住强悍，少数难以与多数抗衡。

S

撒谎难瞒当乡人

指本乡本土的人最了解底细，相互无法遮掩。

三杯和万事，一醉解千愁

三杯：指喝酒。万事：很多事。指喝酒可以平息事情，醉了就啥愁闷都忘掉了。这是一种消极的处世思想。

三朝媳妇，月里孩儿

比喻对新进门的媳妇和新生的婴儿都要进行教育，避免被娇宠惯坏。

三寸不烂之舌

比喻人能言善辩。

三寸鸟，七寸嘴

指鸟身只有三寸而嘴却七寸长。比喻人的能力不大却善耍嘴皮子。

三分匠人，七分主人

指被雇者要听从雇主的意见。

三分人才，七分打扮

人才：指人的相貌。指一个人好不好看，三分在于相貌，七分在于穿着打扮。比喻衣着打扮对人的外表（整体形象）十分重要。

三分像人，七分似鬼

比喻人的面目十分丑陋可怕，或指人瘦弱、疲惫得几乎没有人样。

三个不开口，神仙难下手

三个：众人。比喻众人如果都不讲话，再有能力的人也难办事。也比喻长时间内不开口说话，再有能力的人也难以应付。

三个臭皮匠，顶个诸葛亮

皮匠：修鞋或做鞋的工人。顶：抵得上，赶得上，相当于。诸葛亮：三国时蜀汉丞相，很有智谋，后人把他作为智慧的化身。指三个臭皮匠在一起，就能像诸葛亮那样聪明有智慧。比喻人多心眼多，只要大家一起商量，就会想出好的主义。

三个妇女一台戏

指妇女们相聚在一起，总爱说说笑笑，热闹得像演戏一样。

三个蛮人抬不过一个“理”字

蛮人：蛮横的人。指再蛮横的人也得讲理。

三句好话不如一马棒

指有些时候好言劝解不如采用惩罚手段效果好。

三句好话当钱使

指说几句通情顺理的话，便能取得原谅，抵得住花钱办事。

三句好话暖人心

指几句通情达理的话能温暖人心。

三句话不离本行

指人在谈话时，总会牵扯到与自己行业有关的话题。也指人们习惯谈论和自己所从事的工作有关的话题。

三句甜两句苦

比喻威胁利诱，软硬兼施。

三年不出门，当亲也不亲

指长时间不和人交往的话，即使是至亲也会变得生疏。

三年不上门，当亲也不亲

指长期不来往，本应亲密的关系也会疏远。

三千与我好，八百与他交

指各人有自己的朋友。比喻见过多次面后，就会成为亲朋故友。

三人六样话

指语言在传播过程中，会逐渐远离事物的真实内容。也指人和人的意见不会一致。

三人说着九头话

指三个人说着九种不同的话。也指人多，说法各不一样。

三人同行小的受苦

指出门同行，年龄小、辈分低的人理应多承受一些劳累。

三人一条心，黄土变成金

指三个人同心，即使黄土地也能变成金子。比喻众人齐心协作力量大，就能成就大事。

三日不相见，莫作旧时看

指三天不见面，就不能用过去的眼光看待。指人的变化很快。

三日肩膀两日腿

指挑担走路的活用上两三天的时间即可适应。

三下五除二

指珠算口诀。现用以形容办事干练利落。

僧不僧，俗不俗，男不男，女不女

指既不像和尚，又不像俗人，既不像女人，又不像男人。比喻人的样子不伦不类，没有了规矩，不成体统。

僧来看佛面

指僧人来了要看在佛的面子上热情招待。比喻客人来了，要看在他的上级或相关人的情面上热情招待。

僧人照面说佛话

指和尚见面，相互之间会说一些佛门中的话。比喻在公开场合，大家都会说一些场面上的客套话。

杀鸡焉用牛刀

焉:怎能。指杀鸡没有必要用牛刀。形容不必小题大做或大材小用。比喻做小事不必用大的力量。

杀人不死枉为仇

指杀人没有杀死,白白结下了深仇大恨。比喻做事情不坚决彻底,只能招来灾祸。

杀人不眨眼

指杀人时连眼睛都不眨一下。比喻杀人成性、凶恶残暴。

杀人可恕,无礼难容

指杀了人有的时候可以宽恕,但对人没有礼貌却难以忍受。指不懂礼貌的人令人厌恶。

杀人须见血,斩草要除根

指消灭敌对的势力要干净彻底。

杀人一万,自损三千

指双方争斗总会有牺牲,即使赢了也会付出很大的代价。

杀生不如放生

杀生:佛教指宰杀生灵。放生:把捉住的动物放掉。有时指佛教信徒把别人捉住的动物买来放掉。杀害生灵不如将它们放生积德。常比喻难为人不如给人一条生路。

山高皇帝远

比喻在僻远的地方,高层的权力也会难顾及。

山高遮不住太阳,官高压不倒乡里

指山再高也挡不住太阳光,官再大也吓不倒乡亲们。指官大也不要在乡邻前摆架子。

山核桃还差着一埽儿

山核桃:产于浙江杭州一带的一种坚果,内有很多隔层。比喻相互间的关系或情意还有间隙。

山鸡不能配凤凰

山鸡:即雉,形状像鸡。比喻夫妻之间由于地位、身份或相貌的不同而不能相匹配。

山羊不跟豺狼做朋友,老鼠不和猫儿搭亲家

比喻不要和存心不良的人交往。

伤人不伤脸,揭人不揭短

指打人不打脸面,骂人不揭人的短处。指要给对方留面子。

上半夜想想人家,下半夜想想自己

指人不能太自私,要多从别人的角度思考问题。

上不紧则下慢

指上司催得不紧,下级办事就很缓慢。也指上面抓得不紧,下面的人办事就很拖沓。

上床夫妻，落地君子

指好夫妻夜晚恩爱美满，白天相敬如宾。

上门的买卖好做

比喻对方主动找上门的事情容易办成或比较容易解决。

上命差遣，盖不由己

指受上司命令办事，自己难以做主。

上头笑着，脚下使绊子

指表面上笑脸相迎，暗地里谋计害人。

烧香烧老庙，救人救至急

老庙：迷信认为庙越老神越灵。求神要求最灵验的神，救人要救最危急的人。

艄公多了打烂船

艄公：掌舵的人。比喻领导头多，下面无所适从，反而把事情办砸。也比喻人浮于事，都不认真不想出力，不想负责任，结果反而把事情办坏。

少吃咸鱼少口干

比喻少管闲事，就能少惹是非。

少叫一声哥，多走十里坡

指出门在外要有礼貌，勤快地向人问路，否则就会多走冤枉路。也泛指遇事要多向人请教，取得别人的好感。

少年夫妻老来伴

年轻时是夫妻，年老时是同伴，更需要互相关心，相互照料。

舌是斩身刀

舌头是斩杀人的利剑。说话不谨慎就会招来杀身之祸。

舌头底下压杀人

指恶语伤人，可置人于死地。

舌头是扁的，说话是圆的

比喻会说话的人，会把话说得中听、令人满意。

舌为利害本，口是祸福门

本：根源，根本。指言语关系到人的利害得失，必须谨慎。换句话说，说话关系着自身利益祸福，不谨慎会带来灾难。

蛇无头不行

比喻没有带头的人，事情就办不成功。

舍车马，保将帅

车、马、将、帅：象棋子的名称。比喻牺牲次要的，保全主要的。

射人先射马，擒贼先擒王

比喻做事要抓住问题关键才能成功。

身弱鬼来缠

指身体衰弱的人，邪魔就会缠身。也指人如果软弱无能，坏人就会欺负纠缠你。

神鬼怕愣人

愣人:指说话做事不计后果,莽撞的人。指不顾后果,敢说敢干的人,谁都会害怕。

生相怜,死相捐

指夫妻之间活着的时候要相互关心体贴;一方死后,另一方不需要在葬礼上面太过讲究。

省事无事

指不做或少做事,会省掉很多是非。

施恩不望报,望报不施恩

指给予人恩惠,帮助别人,不求图报,否则就不是真正的恩惠了。

狮舞三趟无人看,话说三遍没人听

狮子舞得再精彩,重复多次,就没有人爱看了;话说得再好听,反复唠叨,就没人爱听了。指说话做事要有新意,切忌唠叨个没完。

十个便宜九个爱

指大多数人都爱占便宜。

十个孩子九随母

指孩子受母亲的影响最大。

十个会说的,也说不过一个胡说的

胡说:胡搅蛮缠。指胡搅蛮缠的人往往能花言巧语,颠倒黑白,混淆是非。

十个麻子九个俏,没有麻子不风骚

风骚:指妇女举止轻佻。指脸上有麻点的女子,常常由于有麻点而显得更加漂亮,给人有爱卖弄风骚的感觉。

十叫九不应

指总是没有回答或没有回应。

十句好话不如一句丑话

十句好话不一定办成事,一句脏话就能坏了事。也指再多的花言巧语也跟不上一句实在话。

十里没真信

信:信息,消息。指消息传来传去就会虚假。也指对没有亲自见到的事情不要轻易相信。

十日滩头坐,一日行九滩

比喻没有机遇,只好等待,一旦有了机会,就应十倍百倍地赚钱。也比喻有时清闲有时忙碌,即忙闲不均。

什么母什么女,什么桌子什么腿

指啥样的母亲就会培养出啥样的女儿。指女儿受母亲的影响很大。

什么种子出什么苗

选啥样的种子,就会长出啥样的苗来。也比喻有啥样的父辈,就会培养出啥样的后代。

时来谁不来,时不来谁来

时:时机,时运。走运时谁都会来结交,背运时谁也不会来问候。指人大都趋炎附势,攀附权贵。

识破人情便是仙

能看透人情世故,就是逍遥自在的神仙。

识人多者是非多

指认识的人越多,招惹的麻烦就越多。

实话好说,谎话难编

指实话实说不用费心去编,谎话总会有漏洞,很难编得周全。

使口如鼻,至老不失

指像用鼻子一样用你的嘴,到老都不会有过失。也指言语小心,就能避免错误。换句话说,少说话就不会犯错误。

使碎自己心,笑破他人口

指费尽心思,却被他人作为笑料。比喻用尽了心机,啥也没得到,反而给别人增加了笑料。

使心用心,反害其身

指过于算计,费尽心机,反而会害了自己。

世乱奴欺主,年衰鬼弄人

指世道荒乱时,奴才就敢犯上;年老体弱时,鬼怪就会任意捉弄。

世上没有不透风的墙

比喻再机密的事也会张扬出去。

世上万般悲苦事,无过死别与分离

指人生在世最痛苦的是生离死别。

事不干己不留心

干:影响、有关。与自己无关的事情,不要管闲事,以免招惹是非。

事不能办得太绝,话不能说得太损

比喻说话做事,都要留有后步。

事不三思,终有后悔

指做事情不经过深思熟虑,将来总是要后悔的。

事从两来,莫怪一人

指出了问题,双方都有责任,不能只怪罪一方。

事后诸葛亮

比喻事后才想出了解决此事的办法。

事宽则圆

指对待事情要从宽处理,就会取得圆满成功,过于急躁,难见成果。

事无不可对人言

指没有啥事情不可对人说。比喻为人处世光明正大。

事要公道,打个颠倒

指只有从对方的立场想问题,设身处地为对方考虑,事情才可能做到公平合理。

势败休云贵,家亡莫论亲

云:说。眼前失势,就不要提当年的荣华富贵;家业败落,就不要再说什么亲朋故旧。指人情冷暖,失势的时候不会有人维护,说也没用。

势大仗权,腰粗仗钱

腰粗:气粗,说话做事底气很粗,毫无顾忌。势力大凭的是权力,底气足靠的是钱财。

势在人情在

指有权势的时候,抬举攀附的人很多。

是非来入耳,不听自然无

指搬弄是非的话,听而不闻,自然无事。

是非只为多开口

指惹是生非的缘由是话讲得太多。

是非只为多开口,烦恼皆因强出头

指多说话会惹出是非来,强要出头露面就会有麻烦。也指惹是生非是因为讲得太多,徒生烦恼是因为逞强过头。告诉人们,少说话,少出头露面,避免招惹烦恼。

是非终日有,不听自然无

指不听那些惹是生非的言语,自然就没有麻烦。告诉人们,不要听信闲言碎语。

是龙不跟蛇斗,是人不跟狗斗

比喻品质高尚的人绝不跟品行低劣的人较长论短。

是亲必顾,是邻必护

只要沾亲带故,就必定关照爱护。

是人脸上都有四两肉

指人人都注重面子,需要别人的恭敬。

是姻缘棒打不回

回:回头,更改。指命中注定的姻缘,拆也拆不散。

柿子都拣软的捏

比喻软弱善良的人总是最先受到欺凌。

手不麻利怨袄袖

指自己做事不干练反而埋怨相关的人或物。

手掌朝里,拳头朝外

指内部要团结一致应付外人。

受人滴水之恩,必当涌泉相报

滴水:指很少。涌泉:指很多。指受过别人的恩情,一定要加倍报答。

受人之托,终人之事

指接受了别人的托付,就必须完成或办好别人所托之事。

狩猎要看山头，打狗要看主人

狩猎：打猎。打猎要看是在谁家的山头，打狗要看主人是谁。指惩罚别人要照顾与他有关的人的脸面。

瘦狗莫踢，病马莫骑

比喻不要欺压那些贫穷困乏的人。

疏不问亲，远不间近

间：隔断。指外人不能离间亲人之间的关系。旧时认为，关系比较疏远的人，不要参与关系亲近的人之间的事。

熟不讲礼

指人熟了就不必讲究过多礼节。

熟人面前无瞎话

比喻在知道底细的人面前说不得瞎话。

鼠有鼠洞，蛇有蛇路

比喻善于投机取巧的人，各有各的门道。

树不成林怕大风

比喻人孤势微的人家抗不住灾难。

树大荫凉儿大

荫凉儿：荫凉的地方。树大枝叶多，遮蔽阳光的面积就大。比喻在有权有势的人手下，可以得到袒护和益处。也指家大业大，顾及不到的地方就多。

树多不怕风狂

指树多了，挡风的力量大。比喻人团结起来力量壮大，就能战胜一切艰难险阻。

树怕没根，人怕没理

指树没根就难以存活，人没有理就无法立足。

树摇叶落，人摇财散

旧说坐着或行走爱摇晃身体的，会把财气摇散，就像树摇动时，树叶要飘落一样。比喻人言行、举止端庄、沉稳。

树要根生，儿要亲生

指树要有根，才能往上生长，儿子要亲生的，才能与自己一条心。

数面成亲旧

指只见过几面就成了亲戚老友。

数语拨开君子路，片言提醒梦中人

比喻听人劝告后幡然省悟，茅塞顿开。

拴住驴嘴马嘴，拴不住人嘴

指人总要讲话，不让人讲话办不到。

双木桥好走，单木桥难行

双木桥：桥面用两根木头铺成的桥。单木桥：桥面用一根木头铺成的桥。比喻集体力量大，人多好做事，要依靠广大群众，单干有风险。又比喻有人帮助事情好办。

谁家烟筒不冒烟，谁家锅底没有黑

指谁家也有几件丢面子的事情。

水帮鱼，鱼也帮水

比喻双方互相共存。也比喻人和人之间都应该互相帮助，互相关照。

水冲石头山挡水，今日不见明日见

指人与人总是会相见的，多指日后见面时再解决纠纷。

水流湿，火就燥

就：接近，靠近。指水向低湿处流去，火向着干燥处蔓延。比喻性情相同者会聚合在一起。也就是说，志向相投的人容易接近，容易来往。

水米两无交

比喻双方互不干涉，没有关系。

水平不流，人平不言

指水面稳了，水就不会流动；人心公平了，就不会发牢骚。比喻解决问题公正、公平了，就不会生怨言，闹情绪。

水至清则无鱼，人至察则无徒

察：仔细看。徒：同类人，同伙。指水太清，鱼就失去生存的条件；为人太苛刻，就没有朋友。也指为人处世要宽厚，不要苛求于人。比喻待人不能求全责备，否则就交不上朋友。常用以指事物过于纯粹，就会走向反面。

顺风吹火，下水行船

比喻因势便行，较为容易。换句话说，做事要顺应客观规律，顺势利导，事情就容易取得成功。

顺情说好话，免得讨人嫌

指顺着别人的心意说好听的话，说话耿直就会遭到别人厌恶。换句话说，人都愿意听好话，要多顺着情面，说人家爱听的话，不要直言冲撞惹人生气。

顺水推船

比喻顺应情势做事，易取得成功。

说出的话，泼出的水

话说出去，水泼出去，都无法收回。指说话一定要小心，说出去就必须负责任。

说的比唱的还好听

指用花言巧语蒙人。比喻人说话没真心实意，只说好听的话，不做实事。

说话赠与知音，良马赠与将军，宝剑赠与烈士，红粉赠与佳人

烈士：古时指有志于建功立业的人。佳人：美女。指知己话说给知心人听，好马送给将军骑，宝剑送给有志于建功立业的人，红粉送给美人。也指宝贵的感情和用物，要奉送给最适合拥有它的人。比喻赠送东西要看对象，要恰当合适。

说谎亦须说得圆

指谎言要编得合乎情理，让人听不出漏洞来。也常指文艺创作要符合生活实际，叫人觉得可信。

说一不二

指说出来的话有分量,不再改变。比喻说话算数。

说一是一,说二是二

指守信用,说话算话,不会改变。

说真方,卖假药

指口头高叫货真价实,目的是把假药卖出去。比喻自我吹捧,招摇拐骗。

说着钱,便无缘

指金钱往来易破坏感情。也指人情冷薄。

说嘴大夫没好药

指自我吹捧的医生,常常没有治病的真本事。泛指爱自我吹嘘的人一般没有真实才能。

说嘴郎中无好药

郎中:中医医生。比喻夸口的医生并没有治病良药,或说大话的人并没有真本领。

死人身边自有活鬼

旧指冤死的人鬼魂还附在尸体旁边,要向害他的人索命。也指死人不能反抗,但和他有关系的活人会替他出面。

死鱼不张嘴儿

比喻默不作声或沉默不语的样子。

死知府不如一个活老鼠

知府一下台,连老鼠也不如。指世态人情冷淡。

四海之内,皆兄弟也

指天底下的人都是兄弟。比喻天下的人如同兄弟一样,亲如一家。

寺破僧丑,也看佛面

指寺庙虽破,和尚虽丑,也要看在佛祖的面上宽容一些。

送佛送到西天

西天:佛教徒指极乐世界,指佛教发源地印度,印度在我国西南方,古称天竺。比喻帮助人一定要彻底。

送君千里,终有一别

指告别时送得再远,最终也要分手。比喻规劝人留步,不要远送。

孙子有理打太公

太公:曾祖父。只要有理,孙子也能打太公。比喻为老不尊,品行低劣,即使晚辈也能管教。

T

他敬我一尺,我敬他一丈

指别人恭敬我,我就更尊敬他。也表示双方毫不相让,用更厉害的手段反击对方。

他是何人我是谁

比喻人有亲疏恩仇之分，要区别对待。

台上握手，台下踢脚

指表面上态度热情，背地里却伤害对方。

抬手不打笑脸人

指对方态度和颜悦色，即使自己有火气也不能发作。

抬手不让步，举手不留情

比喻既然动手打起来就毫不留情。

抬头不见低头见

指与对方总有机会见面。劝人不要把事做绝，要留有退路。

抬头婆娘低头汉

婆娘：北方对已婚妇女的俗称。指抬着头走路的婆娘与低着头走路的汉子，都是有心计难对付的人。

太太死了压断街，老爷死了没人抬

太太去世了，有老爷的权势在，巴结的人很多，都来送葬；而老爷去世了，树倒猢狲散，连抬棺材的人都没有。指旧时世态炎凉，官场势利。

贪杯不顾身，爱色不顾病，争财不顾亲，斗气不顾命

指酗酒、好色、争财、斗气都是杀身败家的灾祸根源，告诉人们要节制。

坛口好封，人嘴难捂

指难以阻止别人把事情宣扬出去。比喻保密很难，人多嘴杂，早晚总会败露。也比喻不让人讲话是很困难的。

汤热还是水，粥冷会粘连

比喻与外人再亲近，也是外人；亲戚之间关系再冷淡，还是亲戚。指关键时刻亲戚要比外人可靠。

躺着说话，不嫌腰疼

比喻自己不干活或条件好，体会不到别人的劳累与困难。

天不怕地不怕，就怕众人七嘴八舌都说话

指来自群众的舆论压力是很大的。

天不言而自高，地不言而自卑

比喻品格高尚的人自己不讲也高洁，品质低贱的人自己不说也低贱。

天大官司，地大银子

指打官司要贿赂官府，官司越大，贿赂的银子就越多。

天机不可泄露

天机：神秘的天意。指上天对世事预先早有安排，但不能让凡人知道。泛指关系机密的事是不能让人知道的。

天上的仙鹤，比不上手里的麻雀

比喻远处的东西再好也是虚的，到手的东西虽然次些，但是实的。指说话办事要实事求是，要脚踏实地，不谈空话。

天上星宿大，地上娘舅大

星宿：古代指星座，共分二十八个星座。旧指亲戚里舅舅的权利是最高的，处理家庭事务时有绝对的权威。

天上无云不下雨，地上无人事不成

指离开人，啥事也办不成，如同天上没云无法下雨一样。也指要做成事必须靠人的力量。比喻坏事不会自己产生，肯定有坏人在捣鬼。

天上下雨地下流，小两口打架不记仇

指年轻夫妻免不了吵嘴打架，不会记在心里的。

天堂虽好，神仙难交

比喻某地或某个单位环境很好，但里面的人却很难结交沟通。

天堂有路你不走，地狱无门闯进来

比喻光明大道不走，却自找死路。

天下爹妈疼小儿

指父母总是格外疼爱最小的儿女。

天下老，偏的小

指大多数父母都偏爱最小的儿女。

天下没有不散的筵席

筵席：指酒席。指有聚就有散。

天有眼，墙有耳

指人们说话时应该注意谨慎，防备有人偷听。

天知地知，你知我知

除了老天爷、土地公与两个当事人外，再没有人知晓。比喻事情极其隐秘。

天子门下有贫亲

连天子也有穷亲戚。指谁家都有穷亲戚，不要嫌弃。

天子尚且避醉汉

指不应跟喝醉酒的人计较。

添的言，添不的钱

指在旁说几句好话解决不了实际困难。

甜不过少年夫妻，苦不过鳏寡老人

鳏：死了妻子的男子。寡：死了丈夫的女子。年轻夫妻的生活最甜美幸福，鳏寡老人的生活最艰难困苦。

甜馍馍冷吃也甜，知心人恼了也好

指真正的知己，即使是发生不愉快的争执，也不会动摇彼此之间的深厚感情。

甜言美语虽是假，既顺心来又好听

指甜言蜜语虽然是假的，但人们还是乐意听。

甜言送客三冬暖，恶语伤人六月寒

三冬：冬季，也指冬季的第三个月，即农历腊月。六月：指暑天。指用好听的语言，即使在寒冷的冬天也会使人感到温暖；用伤人的恶语，即使在夏天也会使人感到心寒。

挑水瞒不了井台,上炕瞒不了锅台

炕:北方用砖或土坯砌成的睡觉用的长方台,下面有孔道,连着锅台,烧火做饭时也把炕烧热,可以取暖。比喻做事瞒不了最亲近、最知情的人。

铁板上钉钉子

形容说的话真实,确信无疑。比喻事情已搞定了,万无一失。

铁勺没有不碰锅沿儿的

比喻常打交道的人,避免不了产生摩擦和纠纷。

听见风,就是雨

比喻听到一些闲语碎语,就信以为真。

同船过渡,皆是有缘

指大家既能相会到一起,就都是有缘分的。旧时江湖朋友的套话。

同疾相怜,同忧相救

疾:疾病。怜:怜悯。指同种遭遇的人在一起,会相互同情相互帮助。

同山打鸟,见者有份

指在同一座山上打的猎物,看见的人都有一份。比喻大家在一块做事,成果或利益,应该人人分享。

同声相应,同气相求

指相同的声音互相应答,相同的气味互相贯通。比喻观点相同的人,自然会连合在一起。

同行无疏伴

疏伴:疏远的伴侣。形容一同出行人的彼此关系亲近。比喻一同外出的人,关系不要有远有近,要相互照应,不相疏远。

偷得容易去得快

指偷来的财物是没有付出劳动的,所以就很快被浪费掉。

偷的锣敲不得

指偷来的锣不能敲,一敲就会被别人发现。比喻不光明正大的事情,只能偷偷摸摸地做,声张不得。

偷风不偷月,偷雨不偷雪

指盗贼常在风雨之夜作案,避免响声被听见或行动被发现;忌讳在月夜或雪天作案,以免暴露身影或足迹。

偷鸡摸狗,自己出丑

指干偷偷摸摸不光彩的事情,只能使自己叫人讨厌看不起。

偷来的财易尽,买来的官易坏,篡来的皇帝多妄为

篡:用不正当的手段夺取。指用邪恶的手段取得的东西、获得的职位等会被任意毁掉。

偷来的牛头藏不住

指通过不正当途径得到的东西,早晚总会暴露。

偷来的拳头打不倒师傅

指不通过正当途径学来的功夫没有威力。

偷驴偷马,不能欺人眼瞎

比喻欺侮残疾人比偷别人的东西还缺德。

偷生鬼子常畏人

偷生:迷信称不经轮回,偷生转世。比喻偷偷摸摸生活的人,常常担惊受怕,害怕被别人发现。

偷食猫儿性不改

比喻人的坏习性一旦养成,就难以改过来。

偷一就有十

十:概数,表示多。指偷盗过一次后,就有可能多次作案。

偷嘴猫儿怕露相

比喻做了坏事,总怕露出本相。

头醋不酸,二醋不酽

酽:形容汁味浓厚。比喻第一次事没办成,以后的事就更不好办。

头发长,见识短

旧时轻视妇女,认为妇女的认识比较浮浅。

头上有疮瞒不过剃头的

比喻事情真相瞒不过知道情况的人或内行人。

头疼医头,脚疼医脚

比喻只是被动对付所出现的表面现象而不是从根本上去解决问题。

投亲不如访友

指友谊比亲戚关系更可贵。

投亲不如落店

指投靠亲友不如投宿旅店为好。也指出门旅途在外,投奔亲戚朋友住宿,还不如住旅店方便自在。

秃子爱戴帽

指秃子总是要戴上帽子来遮盖自己的缺陷。比喻有缺点或有错误的人,总是想尽办法隐瞒。

秃子不要说和尚,脱了帽子一个样

指双方都有不光彩的事情,谁也没有资格评论对方。

土居三十载,无有不亲人

土居:指在某地区固定居住。居住久了,自然与周围邻居的关系就很亲近。

推死人过界

比喻不肯承担责任。

托人如托山

托人:委托人。托山:托起山。指求人办事比托起一座山还难。

拖人下水，先打湿脚

指要把别人拖到水里，自己怕脚会先湿。比喻教唆别人干坏事，自己会先受害。

W

歪戴帽子斜插花

指形容人吊儿郎当，不成体统，放荡不羁的样子。

歪嘴和尚念不出好经

指思想偏颇或心术不良的人，说出的话总是背道而驰。

外面有了孤佬，女人就要跳槽

孤佬：指女子的婚外情人。跳槽：此处指离开一个家庭到另一个家庭。指女人有了婚外恋，就会离开原来的家庭，组成新的家庭。

外甥是狗，吃了就走

指外甥常到舅家随便吃喝，却不做任何事。

外甥有理不让舅

旧时舅舅在处理家务时，具有与父母同等的权利，但外甥有理，照样可以不听舅舅的话。指只要自己有理，不管对谁，都不可让步。

外甥有钱打舅舅

外甥有了钱连舅舅也敢打。旧指人有了钱，就容易违背常理做事。

外物不生闲口舌

口舌：闲话。指引进外面的事物会避免内部的闲言碎语。

挽弓当挽强，用剑当用长

挽：拉。拉弓就要拉强弓，因为强弓射程远，伤力大；用剑就要用长剑，因为长剑可远距离制敌。比喻和人较量要找有力的助手。

万两黄金容易得，知心一个也难求

指知心朋友是极难碰到的。

万言万中，不如一默

指即使所有的话都说对了，仍是沉默来得好。比喻说话要小心，讲话多了，必然有漏洞。

王八当权大三代

指坏人一旦掌权，便自以为是，如同自己比别人大了几辈。

王八掉进汤锅里，临死还要瞎扑腾

比喻坏人死到临头还要作顽固的挣扎。

网开一面，路留一条

意谓凡事不可做绝，要给人留下一条出路。

为人须为彻

为人：指帮助人。指救助人要救助在别人最紧急的时候，帮助人要帮助到底。

为人一条路，惹人一堵墙

为人：与人交好，善待别人。指宽待别人就会为自己的交往处世创造有利条件，而得罪人就会给自己制造麻烦。

为善最乐,作恶难逃

善:善行,好事。指做好事最使人快乐,作恶事终究要遭到报应。

未到八十八,弗可笑人脚蹶眼瞎

弗:不。脚蹶:脚不灵便而跌倒。人不到八十八,就不要讥笑别人走路摇晃,老眼昏花。指自己未到不济时,不要笑别人没用。

未观其心,先听其言

比喻言为心声,听人所讲的话,才能知道其思想境界。

未量他人,先量自己

量:估量,评判。指应先检查自己,不可一味地指责他人。

未曾水来先垒坝

指灾难未到来之前先加以防备。

温顺的羊羔谁都逮,老实马谁都想骑

比喻人过于老实温和,就会受到欺凌。

闻得鸡好卖,连夜磨得鸭嘴尖

指听说鸡能卖个好价钱,就连夜把鸭子的扁嘴磨尖冒充鸡。比喻见利忘义之人只要有利可图,就弄虚作假。

闻名不如见面

指实际情况比传闻更好。也指只听到其人的名声不如见到本人,见到本人比听说的知道更真切。这是日常交际时所用的客套话。

闻名不如交交口,交口不如对对手

交口:交谈。对手:交手比试。听说对方的名声,不如见面与他交谈一番,见面交谈又不如与其交手较量。

蚊虫遭扇打,只为嘴伤人

指蚊虫被人用扇子打,就因为它用嘴咬了人。比喻说话得罪了人,一定会受到报复。也比喻说话苛刻的人必然会受到别人的打击。

问医不瞒医,问卜不瞒卜

看病时不应该向医生隐瞒病情,求人占卜时不应该隐瞒自己的实际情况。泛指有事求人,应实情告之。

瓮里走了鳖,左右是他家一窝子

比喻在内部丢失的东西,不会是外人偷的。

瓮头口按得没,众人口按不没

指瓮口可以封住,但是众人的口却封不住。

我见砍头的,没见砍嘴的

比喻恶语中伤别人或吹牛说大话不受处罚。

我为人人,人人为我

我为大家着想,大家也会为我着想的。

卧榻之侧，岂容他人鼾睡

卧榻：床。鼾：熟睡时粗重的呼吸声。指自己的卧床旁边，怎么能容得下别人呼呼大睡呢？比喻在自己的权势范围内，是不准有其他势力存在的。

乌鸦擦粉照样黑

比喻丑恶的人再粉饰，也无法遮掩盖其本来面目。

巫咸虽善祝，不能自祓也；秦医虽善除，不能自弹也

巫咸：古神巫名。祓：古时求福祭祀仪式。秦医：秦越人，古名医。弹：针灸。指巫咸虽然善于祝祷，却不能自我免灾；秦医虽然善于行医，却不能自我救治。也指人的能力再大，也离不开别人帮助。

屋里说话防人听

指屋里说话要小心屋外有人偷听。指谈论机密话时要小心谨慎。

屋里无女，一家没主

指家庭里没有主妇，一家人就没有主心骨。

屋怕不稳，人怕忘本

指房屋最怕地基不稳，人最怕忘了本。告诉人不可忘本。

无儿不留妇

指儿子死了就应该劝儿媳妇改嫁。

无妇不成家

指一个家庭如果没有主妇就不是个家庭。

无故殷勤，必有一想

指无缘无故地献殷勤，一定是有事求助于人

无谎不成状

状：诉状，起诉书。指为了打赢官司，诉状上往往编造谎言。

无名(明)火高三千丈

无名火：指怒火。形容愤怒到了极点。

无求到处人情好

指不轻易求助，别人对你会非常友好。

无心人说话，只怕有心人来听

比喻说话的人不在意，而听话的人总怀有戒心。

无义之人不可交，不结果花休要种

指不要结交没有情义的人，如同不要种不会结果的花。

无针不引线

比喻没有人从中引荐联络，就办不成事。

五百年前是一家

指同一姓氏的人，不论现在亲疏远近，往前推算五百年，可能是同一家族的人。

五十的老子不管三十的儿子

指儿女们过了三十，就完全自立了，即使父亲刚到五十岁，也不可再管儿女们的事情。

武士爱比刀,姑娘爱比俏

指武士之间喜爱比试谁的刀枪锋利,姑娘们到一起喜欢比谁长得美丽。

侮人还自侮,说人还自说

指侮辱别人就等于侮辱自己,暗地议论别人,就会招来别人的非议。

物聚于所好

好:喜好,爱好。指人们常常因为有共同的志向、喜好而聚集在一起。

物伤其类

伤:哀伤。类:同类。因同类遭难而悲伤。比喻因同伙受到打击而加以同情。

物以类聚,人以群分

类:同类。比喻各种事物因同类而相聚在一起,人因志向不同而区分开来。

习善则善,习恶则恶

近善则善,近恶则恶。指环境对人的成长起决定作用。

媳妇不是婆养的,婆媳总是两张皮

指婆媳之间总有隔阂。

媳妇堂前拜,公婆背利债

指媳妇娶进门,公婆就会欠一身债务。指娶媳妇花钱多。

喜酒好喝,饯行酒难咽

指祝贺喜事的酒,喝得心情舒服。离别亲朋的酒,喝得心里难受。

喜时之言多失信,怒时之言多失体

指高兴时说的话常常不能信,愤怒时说的话常常不得体。指感情激动时说话容易没有理智。

戏法人人会变,各有巧妙不同

比喻做同样一件事,各人有各人的不同方法或窍门。

狭路相逢勇者胜

指敌对双方面对面碰上,无法躲闪,胜利者往往是勇猛的一方。

夏不借扇,冬不借棉

指夏天借扇子难,冬天借棉衣难。比喻做事情应该把握机会,不可逆势而动。

仙鹤顶上红,黄蜂尾后针,二物不算毒,最狠淫妇心

鹤顶红:毒药。指淫荡的妇人的心肠比鹤顶红、黄蜂尾还毒。

先君子,后小人

先做君子,后做小人。指碰到事情,先说明道理,以礼相待,遭拒绝再采取强制手段。

先明后不争

比喻事先把该讲的情况都讲明,避免事后争执。

先亲后不改

比喻先辈结成的亲戚关系,后代应予保持。

先撒窝子后钓鱼

指钓鱼时要先撒鱼食，才能引诱鱼儿上钩。比喻先设下陷阱再下手整人。

先说断，后不乱

指先将事情说好了，以后就不会出现纠纷或麻烦。

先下手的为强，后下手的遭殃

指双方斗争，先发起进攻的占优势；动手晚陷于被动的，就要上当。

先小人，后君子

指先把条件、利益说清楚，以后再办事时方可大度通融地处理问题。比喻双方交涉事情时，应该把有关规定和条件先讲清楚，免得事后有争执。

先有亲，后有邻

指邻居关系和亲戚关系同样重要。意思是说，亲戚很重要，而邻居也不能忽视。

闲饭难吃，闲话难听

比喻吃白饭的日子不好过，闲言听了使人难受。

闲话没腿儿，扯起来靠嘴儿

指无聊的说三道四的话，很容易传出去。

闲话少说没是非，夜饭少吃没疾病

指少说和正事无关的话，可以不招惹麻烦，如同少吃晚饭一样，可以预防疾病的发生。

闲口论闲话

比喻空口闲谈。

闲事休管，饭吃三碗

比喻别去管不关己的事，就可少生闲气过舒畅日子。

闲言未必真，听言听三分

比喻对传言不可全信。

现求佛，现烧香

比喻事到紧急时才临时向人寻求帮助。

现钟不打打铸钟

现钟：已有的钟。铸钟：待铸的钟。比喻舍近求远、舍易求难。

馅饼待朋友，拳头赏敌人

指对待朋友要热情，对待敌人要冷酷。

相打一篷风，有难各西东

指团伙斗殴打架，如一阵风似的勇猛，等到闯下了祸殃便各自逃跑。

相逢知己话偏长

比喻知心朋友相见，交谈起来滔滔不绝。

相见好同住难

指短时间的见面令双方愉快，而长时间地住在一起就会因诸多不便而产生矛盾。也指亲朋好友偶尔见一次面，会感到非常亲热；假如长久住在一起，就会产生摩擦，不好相处。

相交满天下，知心能几人

指认识的人很多，但真正能理解自己的人很少。指知音难求。

相骂没好口，相打没好手

指人在打架吵架时不会给对方顾及情面。

相识满天下，知心能几人

指结交的人很多，但知心的朋友却少之又少。

相送千里，终须一别

送得再远，总是要分别的。常用作客人请主人留步的劝语。

响鼓招鬼，息鼓送鬼

比喻说得多了容易招来灾祸，话少些可以省去许多麻烦。

削嘴薄唇，说倒四邻

指嘴唇薄的人，能说会道。

小儿嘴里出真言

比喻小孩天真无邪，说的都是真话。

小鬼顶不了阎王债

指起辅助作用的人不能代替主谋人承担债务。

小鬼管不了阎王的事

比喻小人物没资格过问大人物的事情。

小孩儿家口没遮拦

指小孩子单纯、天真活泼，说话就真实可信而无所顾忌。

小人报仇眼前，君子报仇三年

指小人报仇，凭着感情用事，不考虑后果；君子报仇，重在深谋远虑，不急于一时。

小人得志，狠如虎狼

指品行恶劣的人，一旦实现名利上的愿望，就会如狼似虎般地猖狂起来。

小人得志便猖狂

指品行低劣的人，一旦实现名利上的愿望，便会放肆疯狂起来。

小人口如蜜，转眼是仇人

指小人嘴很甜，但很快就与人翻脸成仇。指小人笑里藏刀，薄情寡义。

小人易亲，君子易退

退：退让。指小人容易结近，君子容易相处。

小子不吃十年闲饭

小子：指男孩子。指农家的男孩子长到十来岁就能下地干活，帮大人的忙，不再吃白饭了。

笑脸杀人最难防

指表面含笑，内心恶毒的人，最难防备。

笑脏不笑旧，笑破不笑补

指穿肮脏和有破洞的衣服让人耻笑，穿旧衣服和有补丁的衣服不会让人笑话。比喻人们只会嘲笑惰人，并不会讥笑穷人。

笑脏笑拙不笑补，笑馋笑懒不笑苦

指讥笑脏的、笨的、馋的、懒的，但不嘲笑衣服上有补丁的穷苦人。

心不负人，面无惭色

指做事，不损害别人利益，自然心安理得。脸上就不会有惭愧的神情。

心好不用吃斋

吃斋：信仰佛教的人斋戒吃素。指只要心地善良正直，不吃素，也是好的。

心急吃不得热粥

比喻急躁办不好事情。劝人不要急躁，没有耐性办不成事情。

心急锅不滚

比喻想急于求成，结果适得其反。

心亏理短话不周

指做事违背良心，说起话来就不会理直气壮，不周全。

心里若没病，不怕冷言侵

指没做违法亏理的事情，就不怕别人的风言风语。

心里有鬼就有鬼

指鬼本来就没有，只是人心里有鬼，才觉得有鬼。

心齐力量大，人多主意巧

指大家团结一致，就能产生巨大的力量；集思广益，自然会想出很好的计策。

心去最难留，留下结冤仇

指人已决定要走，就不必强行挽留，勉强留住也会结下冤恨。

心疑生暗鬼

指心存疑虑总觉得背后有鬼。比喻疑神疑鬼。

心有灵犀一点通

灵犀：犀牛角，传说犀牛是灵异之兽，角中的髓质如一条白线直接相通。比喻暗恋中的男女心心相印。也比喻彼此间心灵相通。

心正不怕影儿斜

指为人正大光明，不怕闲言碎语。比喻只要自己光明磊落，作风正派，行为端正，就不怕有人说三道四。

新来媳妇三日勤

指新过门的媳妇勤快，以后就可能懒惰起来。也比喻新来的人常常办事情勤快。

信人调，丢了瓢

调：教唆。指轻信听从别人的挑唆，是要吃亏的。

信神迷鬼，捏住鼻子哄嘴

指迷信鬼神是自己哄弄自己。

惺惺惜惺惺，好汉惜好汉

惺惺：指聪明人或有才干的人。指各方面相类似的人互相照应、尊重。也指聪明人爱护聪明人，好汉愿结识好汉，同类人会相互关怀，互相仰慕、敬重。

行百里者半于九十

指一百里的路，走完了九十里才能算一半。比喻做事越接近末尾，越应充分估计到它的艰难性，认真对待。换句话说，做事情越到后期，越难坚持，如果在最后阶段一放松，就会前功尽弃。因此完成了百分之九十，只能算完成了一半。

行路的怕黑天，说谎的怕戳穿

旧时交通不便、治安情况不好，旅客害怕在晚上赶路；说谎的人有其不可告人的目的，怕谎言被戳穿，露出自己的丑相。

行如风，立如松

指走路像风一样轻快，站立时像松树一样挺拔。也指行、立（包括坐、卧）都要注意姿势养成好的习惯，有益于身体健康。这也是对人的体形要求。

兄弟虽和勤算数

指兄弟之间虽然和谐相处，但在经济上的问题上要算清楚。也指交往再好的朋友，但钱财往来也要计算明白。

兄弟同心，黄土变金

指大家团结奋斗就会创造财富。

兄弟协力山成玉，手足同心土变金

手足：指兄弟。指兄弟齐心协力，一同奋斗，山成玉，土变金。也指兄弟同心协力去做事，啥事情都能办成。比喻只要团结奋斗，就能干出非同一般的事业。

兄弟一条心，黄土变成金

比喻全家人团结一致，就能创造财富。

休将我语同他语，未必他心似我心

指不要把自己的心里话随便向人说，因为不能断定对方的心思就与自己一样。告诉人们，自己的心里话千万不要随便向一个不知道的人说。

秀才会课，点灯告坐

指秀才们一起做功课，等到点灯时人刚到齐。比喻办事迟缓。

秀才碰到兵，有理说不清

指知书达理的人遇见胡搅蛮缠的人，再有理也没法讲明白。

秀才人情纸半张

人情：礼物。比喻薄礼。比喻贫穷的读书人，没有钱买礼物送人，只能在纸上写字作画，作为礼品送人。

秀才遇到兵，有理说不清

兵：士兵。指知书达理的遇到不讲理的人，再有理也没法讲明白。

袖大好做贼

比喻权势大的人没人监督，较容易干坏事。

虚心病说不出强话

比喻心里有鬼，说话就不理直气壮。

雪中送炭真君子，锦上添花是小人

比喻在别人困难时给予帮助的人是真正的君子；硬要设法让日子已经很好过的

人更好过的人，是必有所图的小人。

鸭子不和鸡合伙

比喻爱好不同、志趣不同的人不会集合在一起合作的。

牙舌两不动，安身处处牢

指不说话或少说话就可避免是非，在任何地方都可站稳脚。告诉人说话要小心。

牙痛才知牙痛人的苦

指只有遭遇过苦难的人才能真切体谅到不幸之人的痛苦。

烟酒不分家

指抽烟喝酒不分你我。换句话说，在人际交往应酬时，烟、酒不分你我，互相之间共同享用。这句谚语常用于交际场合。

言不乱发，笔不妄动

妄：胡乱。不轻易发表议论，不轻易动笔做文章。指言行要谨言慎为。

言多语失皆因酒，义断情疏只为钱

语失：即失口，无意中说出不该说的话。疏：关系远，不亲近。指因为贪杯而失言误事，因为贪财而情断义绝。贪杯的人往往失口误事，贪财的人常常不重情义。

言为心之苗

指人说的话常常是内心思想的显露。

言语传情不如手

指手能弹奏乐器、绘画等，在一定环境下，比语言更能表达思想感情。

言者无心，听者有意

指说话人是无意的，听话人却认为是成心说他。比喻说话的人是没故意说出来的，听话的人却留心记下了。告诫说话要注意场合。

盐多了不咸，话多了不甜

指话说多了使人腻烦，如同盐吃多了，只感到苦涩一样。

阎罗殿好进，阎王债难还

阎罗殿：喻指恶势力盘踞的地方，此指借高利贷的地方。阎王债：指高利贷。指借高利贷容易，还高利贷却难。

阎王不嫌鬼瘦

阎王：又称阎罗，阎罗王。阎王不会因哪个鬼瘦而放过它。指统治者不放过对穷苦人的压迫、剥削。

阎王好做，小鬼难当

指一把手好做，具体承办人却不容易。

阎王叫你三更死，谁敢留人到五更

指阎王说要人命就要人命，一刻也不能停留。比喻人的命运控制在别人手里，任人宰割。

阎王也怕拼命鬼

阎王:又称阎罗,阎罗王。指再凶残的人也惧怕不要命的人。

筵前无乐不成欢

筵:酒席。乐:音乐,歌舞。指宴席上没有歌舞音乐助兴,就不能形成欢乐的氛围。

筵无好筵,会无好会

筵:酒席。旧指设宴者利用宴席耍阴谋,赴宴人就会落入陷阱。

眼睛长在额头上

形容人傲慢,目中无人的样子。

眼上带着墨色镜,瞧着世间尽黑人

指带着成见、偏见去看人,就会觉得人人都不近人意。

眼是观宝珠,嘴是试金石

指通过观察与交谈,就能弄清事情的原委。

宴笑友朋多,患难知交少

比喻真正能患难与共的知己非常极少。

扬汤止沸,不如去薪

汤:开水。扬汤:把开水从锅里舀起来再倒回去。薪:柴火。指用舀子把开水从锅里舀起来,再从高处慢慢地往下倒回锅里,用此方法降温使水不沸腾,不如抽掉锅底的柴火好。比喻与其临时救急,不如从根本上把问题彻底处理好。

羊羹虽美,众口难调

羹:汤。羊汤虽说美味可口,但也很难适应多人的口味。比喻再好的事情也难以让众人中意。

羊上狼不上,马跳猴不跳

比喻双方协作不好。

养儿待老,积谷防饥

指养育儿女是想到自己年老时有人赡养,平常积累粮食是为了防备饥荒年挨饿。

养儿勿论饭,打铁勿论炭

养育儿子不要怕儿子饭量大,打铁时不要计较炭用得多。指要想收获就得付出。

养家千百口,作罪一人当

作罪:犯罪。指一个大家庭中,谁犯罪谁受惩罚,不应连累他人。

养女一门亲

旧时认为,儿子是家里人,女儿是外人。指女儿长大出嫁后,和娘家就像亲戚似的。

摇头不算点头算

指摇头表示不同意,点头表示赞成。

要补衣,结发妻

结发:束发,古代男子自成童开始束发,因用来指初成年。结发妻:旧时指初成年结婚的妻子,后泛指元配的妻子。缝缝补补衣服、生活上体贴照顾的是结发妻子。指能够真正分忧解难的还是元配妻子。

要打看娘面

指想打顽皮发坏的孩子,也得看看孩子母亲的脸色而行,要手下留情面。

要么就掏出心来,要么就拿出刀来

和人交往,要么掏出心来交知心朋友,要么抽出刀来以死相拼。比喻与人交往要坦诚直率,爱憎分明。

要知心腹事,但听口中言

心腹:内心,心中。但:只。要想弄明白别人心中想的啥,只要听他的话便可知道。指言语是内心思想的流露。

要做好人,须寻好友

寻:找,选择。要做好人,就一定要找个好人做朋友。

夜猫子害怕见太阳

比喻恶人不敢大胆妄为地出来活动。

一把钥匙开一把锁

比喻用不同的办法解决不同的问题或不同的矛盾。

一白遮九丑

指人皮肤白净可以掩饰其他的毛病。比喻好的可以掩盖弱的,优点可以弥补缺点。

一百个小和尚好认一个老和尚,一个老和尚难认一百个小和尚

众人好认一个领导,一个领导难认众人。

一报还一报

善事有善的报应,恶事有恶的报应。善与恶各自有不同的后果。

一宾不烦二主

烦:麻烦、打扰。一个客人不麻烦两家主人来招待。指一件事情既然已经托付给一个人了,就不要再麻烦打扰另外一个人。

一不扭众

指一个人很难扭转大多数人的看法。

一不做,二不休

指不顾后果地把事情做到底。比喻要么不干,要干就干到底。

一尺水翻腾做百丈波

比喻言语夸大其词。

一锄头也是动土,两锄头也是动土

比喻已经干了,就索性大干。

一传十,十传百

本指疾病传染迅速蔓延。现多用以指流言或消息很快地传布开来。

一次生,两次熟

初次相见生疏,再次相见就熟悉了。

一打三分低

指一动手打人就理亏了三分，贬低了自己的身份。

一斗米养个恩人，一石米养个仇人

斗:容量单位，十升为一斗。石:容量单位，十斗为一石。指一斗米不多，但接济得当，对方将视你为恩人；一石米虽多，可对方贪心不足，结果变成了仇人。也指资助虽少，但解决了人家燃眉之急，对方非常感激；给人资助很多，但没有满足对方的欲望，反而引出对方恩将仇报。

一番手脚两番做

指本应一次做成的事却分两次去做完。

一方有难，八方支援

指一个人或集体有难处，来自各方面的人或集体都伸出扶助之手。

一分气带十分力，十分气的巴掌挨不起

指人恼羞成怒打人时往往下手很重。

一个巴掌难捂众人的嘴

指一个人没法制止众人对自己的议论。也指单依一个人无法控制闲言碎语。

一个巴掌拍不响

比喻一个人势单力薄，办不成事。也比喻一个人不可能引起矛盾和纠纷，一定是双方的原因引起的。

一个笛子一个笙

比喻双方配合极稳妥。

一个妇女一面锣，三个妇女一台戏

指几个女人坐在一起，有说有笑，聊一些家长里短，是是非非，就像唱戏一样热闹。也指女人在一起，总会生出是非。

一个好汉三个帮，一个篱笆三个桩

指再有本事的人也离不开别人的帮助，就像一个篱笆有多处桩才能牢固一样。

一个和尚挑水吃，两个和尚抬水吃，三个和尚没水吃

比喻人少办事效率高，人多相互推脱责任办事迟缓。换句话说，人多有时会产生互相依靠的思想，反而互相推脱责任，导致最终办不成事。

一个红脸，一个白脸

红脸、白脸:传统戏曲中以不同色彩的脸谱来显示角色的不同性格。“红脸”比喻敢于严声厉色、直言不讳的人，“白脸”比喻和事佬或伪装公正的人。指两人相互配合所采用的软硬兼施的手段。

一个老鼠坏了一锅汤

比喻一个品质低劣的人破坏了原来的风气，或有损集体的形象。

一个篱笆要打三个桩，一个好汉要有三个帮

比喻一个人再有能耐，也需要别人的帮助。劝人要团结友爱，互帮互助。

一个萝卜一个坑

比喻各人有各人的工作，各人有各人的任务。多用以比喻人数与岗位正好相符。

一个人藏,十个人难找

一个人故意藏起来或把东西藏起来,再多的人也不好找。

一个人可以养活十个儿子,十个儿子养不活一个爸爸

一个父亲可以含辛茹苦地把几个儿子养大,成人后的儿子却互相推诿不愿意赡养老父亲。

一个人是死的,两个人是活的

比喻一人做事十分艰难,两人合伙便能应付自如。

一个师傅一个令,一个和尚一个磬

磬:佛教的一种打击乐器。比喻各人自有其独特的做法。

一个银样蜡枪头

比喻好看不实用。

一根筷子折得断,一把筷子折不断

比喻团结起来力量大。换句话说,个人的力量虽小,但团结起来力量就会变得强大。

一根木头支不了天

比喻个人的力量有限,不可能办成大事。

一回生,两回熟

初次相见生疏,再次相见就熟悉了。也指第一次做时生疏,第二次做时就熟练了。

一家不成,两家现在

比喻两家联姻不成,但两家关系依然一如既往。

一家不知一家,和尚不知道家

道家:先秦时期一个思想派别。一家自有一家的事,别人是不知道的,正如和尚不了解道家思想一样。

一家富难顾三家穷

指一家再富裕也难以顾及到多个贫困的家庭。

一家盖不起龙王庙,一人造不起洛阳桥

指一家的力量盖不起龙王庙,一天的时间建不成洛阳桥。比喻办大事不容易,需要投入大量的人力和物力,还要花费一定的时间才能办成。换句话说,个人的力量有限,只有同心协力才能办成大事。

一家人不说两家话

指关系非常密切,不必当外人看待。

一家无二

指都是一家人。

一家有事百家忧

指一家有了困难大家都为他们分担忧愁。也指大家相互关系亲近,不分你我。

一脚踏了两家船

形容心存两处、模棱两可、投机取巧的态度。

一句话，百步音

指一句至关重要的话可以传到很远。常指一句关键性的话可以引起广泛的影响。

一句话能把人说跳，一句话能把人说笑

跳：暴跳（如雷）。一句粗野的话能惹人发火，一句贴心的话能让人高兴。

一客不烦二主

指一个客人不需要烦扰两家的主人来照应。比喻一件事情已经托付人去办理了，就让他办到底，不必再打扰另一个人。也比喻始终请一人帮忙，不再烦扰他人。

一门不到一门黑

指每一行业都有各自的门道。也指如果某件事情从来没有做过，就不会了解其中的奥秘，到时候就会抓瞎。

一面打墙两面光

指双方共做的事情，若一方主动去做，结果会给双方都带来利益。也泛指一举两得。

一鸟入林，百鸟压音

指一个有权势或有威望的人一出现众人都立即停止说笑。

一锹掘个井

比喻急功近利或急于求成。

一人摆渡，众人过河

摆渡：用船运载过河。指一个人驾船摆渡，两岸的人都能过河。也指一个人的努力或付出，换来众人的利益。

一人不敌二人智，十人肚里出巧计

指一人的智慧不如两人的智慧，人多计谋就更加周密。比喻人多主意也会多，计策也会多。

一人不喝，二人不赌

一个人喝酒，喝的是闷酒；两个人赌博，往往会产生矛盾。

一人不压众，帽子不压风

指一个人压制不住众人的呼声，如同帽子压不住大风一样。指领导不可能一手遮天。

一人传虚，百人传实

一人传说虚假的消息没人相信，很多人传说人们就相信了。

一人传虚，万人传实

指原本没有的事经多人传说就变得像真的似的。也就是说，一个人传播没有的事，可能不会有人相信，但许多人一起来散布没有的事，虚传的事就会变成真实的事了。比喻以讹传讹，人言可畏。

一人得道，鸡犬升天

传说汉朝淮南王刘安修道成仙，鸡狗吃他剩下的仙药，也都跟着上了天。比喻一个人得势，和他相关的人也都跟着发迹。

一人难称百人心

称:使称心,使满意。指一个人做的事情很难让大家都中意。

一人难说众口

一个人说不过众人。

一人气力担一担,众人力量搬倒山

形容个人的力量很小,人多力量大。

一人先进大家就,一人落后大家帮

就:接近,靠近。指向某人学习。一个人成为先进人物大家都向他看齐;一个人落后了大家一起帮助他。

一人向隅,满座不乐

隅:面朝角落。指众人作乐时,有一人在旁闷闷不乐,导致在座者都感扫兴。比喻一人伤痛地哭泣,使在座的所有人都感到悲伤。

一人一条心,穷断骨头筋

心:想法。指一家人不是一条心,生活就会穷苦不堪。比喻人不齐心协力,各顾各的,必然都陷入困境。

一人栽树,万人乘凉

指一个人艰苦劳动,许多人分享他的劳动果实。

一日不作,一日不食

指一天不劳动一天就没有饭吃。比喻收入微薄,一天不劳作,一天就没有饭吃,生活就会变得很困难。

一善足以消百恶

恶:邪恶。一心行善完全可以消除种种邪恶。

一身不入是非门

指人不要被牵扯纠纷矛盾当中。

一身做不得两件事,一时丢不得两条心

指做事不能心挂两头。

一失足成千古恨,再回头是百年身

失足:比喻人落伍或犯严重的错误。千古:长久。百年:死的委婉语。指重要的一步走错了,就会造成大错,以至成为终生的悔恨。

一时比不得一时

指一个时代的王法不能同另一个时代相比,此时的情形与彼时有所不同。比喻现在不能和以前相比,不能依旧例办事。

一事不劳二驾

驾:指车辆,借用为对人的敬辞。指一个事情不必麻烦两个人去做。

一手托两家

指一次办两个方面的事。

一死一生,乃知交情;一贫一富,乃知交态;一贵一贱,交情乃见

指只有在生死关头或贵贱变化时方能看出感情的真假。比喻经过生死的考验,才能知道真正的感情。

一头人情两面光

指给人办一次好事使两方面都感到光荣和中意。

一碗水端平

比喻待人处事能做到公平合理。

一问三不知

指全然不知或不明白。常用以指人推说不了解具体情况。

一窝狐子不嫌臊

比喻坏人混在一起,臭味相投谁也不嫌弃谁。

一物降一物

降:制服。指啥人或物会被别的人或物所降服。

一席还一席

比喻对对方有礼必报。

一心不能二用

指做事必须精力集中,不能分散注意力。

一言不实,百事皆虚

指只要有一句话不真实,那么说的许多事实也都是虚假的。

一言抄百语

指概括的言词,即总而言之等。

一言既出,驷马难追

驷:驷马,同拉一辆车的四匹马。指一句话说出口,就像四匹马拉的车,想追也追不回来了。比喻话一旦说出口,就难以再收回,要言而有信。

一言惊醒梦中人

指一句话使得头脑迷糊的人豁然开朗。

一叶浮萍归大海,为人何处不相逢

意谓人总有相逢的时候。

一艺顶三工

艺:手艺。指手艺人比干体力活的人挣钱多。也指技术性强的收入要大大超过普通工作的收入。

一遭情,二遭例

指送人礼物,第一次被认为是情谊,第二次就被认为是惯例了。

一遭生,两遭熟

指头次见面感到生疏,再次见面就熟了。比喻不管事情怎么复杂,只要反复操作,就能熟练。

一张床上说不出两样话

指夫妻两人感情和睦,说话的口径总是一致的。

一争两丑,一让两有

指两人争执,大家都不光彩;互相谦让,双方都能得到益处。告诫人们,见有利益时，要发扬风格，互相谦让，这样会都有好处。

一竹篙撑到底

比喻办事一干到底的态度。

衣不如新，人不如旧

指衣服是新的好，朋友还是故友好、妻子还是元配的好。

衣是新底好，人是旧底好

指新交不如旧谊。

医生有割股之心

割股：割下自己大腿上的肉来治疗父母的重病。旧时伦理观念认为的一种至孝行为。指医生有爱心奉献的精神。

疑人莫用，用人莫疑

指怀疑他就不要使用他，用了他就不应怀疑他。

以貌取人，谬之千里

按照人的面目判断一个人的本领，会造成极大的失误。

以心度心，间不容针

度：揣测。用自己的心思推测别人的心思，其间不会有一针大的缝隙。比喻推己及人就不会有太大的出入。

以心换心，将心比心

用自己待人的善心去赢得别人的善心，用自己的心思，去推测别人的心思。比喻人必须以己及人，不能只顾及自己。

易涨易退山坑水，易反易复小人心

山坑蓄水量少，水易涨易退；小人言而无信，反复无常。

因风吹火，用力不多

因：趁着。指顺着风吹火，不费多大的力气。比喻做事情要迎合顺势，因势利导，不费多大的力气就能办好。也比喻顺着事物发展的趋势办理事情就容易得多。

因无背后眼，只当耳边风

指不把别人的背后议论放在心上。

姻缘五百年前定

旧时认为男女的姻缘是生前上天就注定了的。

饮水思源，缘木思本

比喻知恩图报。告诉人们，应该受恩不忘。

饮水要思源，为人难忘本

指做人不能忘本，如同喝水的时候要想想水的源头是怎么来的。

硬柴要用软柴捆

比喻应付强硬的对手，要用软方法。

硬汉难避枕旁风

枕旁风：同床共枕的女人说的话。再有主见的男人也不免要听信自己女人的话。

庸医杀人不用刀

庸医:医术很低劣的医生。指庸医没有搞清楚病因就胡开药方,结果就会把病人害死。

用人的钱嘴软,欠人的债理短

嘴软:不敢批评、责备人。接受别人的钱就不敢批评、责备人,欠别人的钱财就觉得理亏。指用了别人的钱财就受制于人。

用人靠前,不用人靠后

指用着别人时就和人家靠近,用不着别人时就远离人家。比喻为人处事十分功利的态度。

用一个钱要掂掂厚薄

意谓花钱精打细算,或谓爱财如命。

用着菩萨求菩萨,用不着菩萨骂菩萨

比喻势利小人在求得着别人时就低三下四,说些好听的;事情过后就辱骂救助过他的人。

油嘴呱嗒舌

比喻甜言蜜语不停地说个没完。

有把门的,可没有把嘴的

意谓门能把守住,人们的议论是无法阻止的。

有财同享,有马同骑

比喻彼此共同分享利益。

有尺水,行尺船

比喻按照客观条件办事。也比喻根据自身的条件去做力所能及的事。

有仇不报非君子,有冤不伸枉为人

旧时认为,有仇的报仇,有冤的伸冤,不然就不算是好汉,也枉做了一回人。

有恩不报非丈夫

丈夫:男子汉。对自己有恩的人不去报答,就不是真正的男子汉。指对自己有恩的人一定要报答。

有儿靠儿,无儿靠婿

旧社会人们认为儿子应当为自己赡养到老,没有儿子时才依靠女婿。

有饭大家吃

泛指有了利益大家一起分享。

有饭送给饥人

指有了食物就送给正在受饥挨饿的人。

有饭送给饥人,有话送给知人

意谓饭要送给饥饿的人吃,话要说给明白人听。

有饭送给亲人,有话说给知音

知音:伯牙弹琴,弹到描写高山的曲调时,在旁听琴的钟子期就说:“善哉,峨峨兮若泰山。”弹到描写流水的曲调时,钟子期就说:“善哉,洋洋兮若江河。”钟子期死后，伯牙不再弹琴，认为没有人比钟子期更懂得他的音乐。后来用“知音”指最清楚自己的人。有饭送给亲人，大家一起享用；说心里话要选择对象，只说给最懂得自己的人。

有话即长，无话即短

旧时艺人在说唱中的习惯用语。意谓故事内容有必要多说的就讲得详细，否则就从简。后泛指有材料有内容就可多写多说，否则就少写少说。

有话则长，无话则短

有话就多说，无话就少说。指说话或说书应当长就长，应当短就短。

有借有还，再借不难

指借物品要及时归还，需要再借时，别人就会很愿意借给你。常用以提醒人应及时归还物主。

有酒胆，无饭力

比喻人貌似有魄力而内心脆弱。

有酒有肉亲兄弟，急难不曾见一人

有酒有肉时，称兄道弟的人多；遇到困难时，却不见人影。意谓酒肉朋友不可靠。

有理不打上门客

指彼此争执，即使有理，对方主动找上门来，也要以礼对待。

有理讲在明处，有药敷在痛处

指话要当面讲，并且要有针对性。

有理没理，先敲自己

指和人发生矛盾，不管自家人占不占理，应先从严管束。

有例不兴，无例不废

指一切照惯例办事。

有了老婆不愁孩，有了木匠不愁柴

老婆：妻子。指做事不能急躁，有了第一步，就不用愁第二步。比喻具备了关键性的东西，就有了一定的基础，就不怕办不成事情。

有苗留在垄上，有话说在理上

垄：在耕地上培成一道一道的土埂，在上面种植农作物。说话要占理，就像植物要种在地垄上一样。

有奇淫者，必有奇祸

奇：非常的、罕见的。意谓淫逸无度的人必有大的祸患。

有钱的出钱，有力的出力

指遇到重大事情大家尽自己的所有才能支持帮助。

有钱能使鬼推磨

指只要有钱就没有办不成的事情。

有亲娘，有后爷；无亲娘，无疼热

比喻有了亲生母亲，继父也如同亲父善待自己，没有亲母，便没有人关心饥寒冷暖。

有山靠山，无山独立

山：指靠山。比喻可以依靠的有力量的人或集体。指有可以依靠的人就靠他办事，没有可依赖的人就独立解决问题。

有势不使不如无

比喻手中有权不利用，还不如没有的好。

有势休要使尽

比喻凡事都有尺度，适可而止。

有文便不斗口

意谓有了字据为凭就不用多费口舌。

有向灯的，就有向火的

比喻双方发生矛盾时，总会有向着各方的人。

有眼不识泰山

比喻辨认不出地位高、能力强或名望大的人。常用作客套语。

有一搭没一搭

比喻没话找茬搭话。

有缘千里来相会，无缘对面不相逢

指人与人相逢相识都因为缘分所致。换句话说，只要有缘分，人们相隔再远也可以相会；如果没有缘分，人们离得再近也不会相遇。

有再一再二，哪有再三再四

指发生一两次失误可以宽容，但屡次犯错就不可原谅了。

有嘴说人，无嘴说自己

指只会责怪他人，而不反省自己。

又求人，又做硬儿

比喻既求助于人，又强要面子。

予人方便，自己方便

予：给。指给别人提供方便，自己也会得到好处。

鱼找鱼，虾找虾，王八结了个鳖亲家

比喻啥样的人就与啥样的人结交朋友。含贬义。

与凤同飞，必出俊鸟；与虎同眠，没有善兽

比喻和英雄在一起也会成为英雄，和恶人在一起也会成为恶人。

与君一席话，胜读十年书

君：指有见识的人。一席话：一番话。指听了有学问或有经验的人的谈话，比自己多年读书的收获还大。多用作对对方讲话的赞语。

与人不睦，劝人盖屋

旧指如跟人家相处不融洽，就哄劝别人造房子。这是因为造屋要用去大量的钱财，会使人处于被动境地。

与人方便，自己方便

指给人家提供便利，自己也会得到便利。比喻热情支助别人，自己也能得到别人的帮助。

雨过地皮湿

比喻只做表面文章，办事态度不扎实。

欲赤须近朱，欲黑须近墨

比喻向往不同所结识或接近的人就不一样。

欲加之罪，何患无辞

想要给人加上罪名，何愁找不到借口呢？

遇文王，施礼乐；遇桀纣，动干戈

文王：周朝的创始人，以礼乐教化天下的贤君。桀纣：桀，夏朝的最后一代国君；纣，商朝的最后一代国君，二人都以残暴无道而遗臭万年。比喻遇到好人要礼貌对待，遇到坏人要毫不相让。

冤各有头，债各有主

冤仇有对头，债款有借主。指算账应该找事主，与他人无关。

冤家路窄

冤家：仇人。仇人狭路相逢，谁也不饶恕谁。也比喻不愿见到的人偏偏碰在一起。

冤家碰着对头

意谓两个冤家碰了个对面。

冤家宜解不宜结

指有矛盾或结怨的双方应尽可能地清除彼此间的矛盾，而不应继续加深矛盾。也指双方如有冤仇，应当想方化解仇恨，千万不能激化矛盾，加深冤恨。

冤杀旁人笑杀贼

比喻把事情的真相弄反了，使好人受屈冤，坏人得意。

原钥匙开原锁

比喻让熟悉内情的人去处理问题。

远处烧香，不如门前积德

指与其去远处烧香拜佛，不如就身边多行善事。指积德行善贵在从身边小事做起。

远客生地两眼黑

指初来乍到人地两不熟，不便于办事。

远路没轻担

指因路途跋涉遥远，轻担子随着体力的下降，也会觉得越来越沉重。

怨亲不怨疏

指遇事可抱怨亲人但不能抱怨外人。

月亮虽好，还得众星捧

比喻英雄人物再有能力，也还得依靠大家维持。

运去奴欺主，时乖鬼弄人

意谓时运不好，奴仆也敢欺侮主人，恶鬼也会捉弄人。

Z

栽刺不如栽花

比喻与人为恶不如待人友善。

再狡猾的狐狸,也斗不过聪明的猎人

比喻再狡猾奸诈的敌人,也要栽到有智慧,有道义的人的手中。

再狡猾的狐狸,也洗不掉一身臊

臊:臊气,狐臭味。比喻坏人再如何狡猾也会显露出他自己丑恶面目。

在家不会迎宾客,出门方知少故人

在家时不懂得接待客人的重要,出了远门遇到困难时才感到朋友太少。指平时就要善待宾客。

在家不会迎宾客,出门方知少故人

故人:老朋友。在家时不会结交朋友,出门在外遇到是非时就会感到朋友没有的难处。

在家靠父母,出外靠朋友

指一个人在家主要靠父母的照顾,出外就要靠朋友之间的相互帮助。也指人离家在外要依靠朋友的帮助。旧时走江湖的人常用以向人求助。

在家投爷娘,出家投主人

比喻人离家在外,要依着主人的扶助。

造弓的造弓,造箭的造箭

指各人有各人的事情做,不要互相干涉。

贼不打三年自招

盗贼作案时间久了,即使没有人追究他也会在无意中暴露。

贼去关门,明查暗防

比喻出了问题才作防范。

贼人安的贼心肠,老鼠找的是米粮仓

指坏人不会有善心的,总是找机会做伤天害理的事。

贼人心胆虚

偷盗的人总是心虚胆怯,害怕被人察觉。

贼偷一更,防贼一夜

指防备盗贼要一整夜守候,虽然盗贼偷窃时只需一会儿时间。比喻防守灾祸贵在坚守。

贼无赃,硬似钢

赃:赃物,贪污受贿或盗窃得来的财物。指坏人做了坏事,没有证据,再怎么审问也不会招认。

贼咬一口,烂见骨头

如果被贼咬一口,肌肉就会腐烂到骨头。指贼在招供中说出某人,某人就会受连累,很难洗清冤屈。

赠人以轩,不若赠人以言

轩:古代一种前顶较高,带有帷幕的车。不若:不如。指赠给别人一辆豪华的车,不如送给别人几句忠言。指良言相劝使人受益匪浅。

站着说话不腰疼

指事情没有落在自己头上,不知道它难办,反而在一边说风凉话。

张飞的鼻子,李逵的脸

形容人凶神恶煞般神态。

张家长,李家短

意谓说长道短,讲人闲话。

张口是祸,闭口是福

指话多了,不谨慎就会得罪人,所以说话要慎重,尽量少说话。

长兄若父,长嫂若母

指对排行老大的兄嫂,要如同对待父母一样,听从他们的意见。

掌心是肉,掌背也是肉

手心手背都是身上的肉。指父母对每个子女都一样的疼爱。

丈母娘看女婿,越看越喜欢

丈母娘喜欢自己的女儿,自然也会连带喜欢女婿。

照葫芦画瓢

比喻照着样子做。

折跌腿装矬子

指屈膝跪在地上装矬子。比喻做了错事、觉得亏心,进行自责。

折了膀子往里弯

意谓尽全力庇护自己人的短处。

真佛面前不烧假香

比喻在正直的人面前不假情假意说奉承话。

真话好说,谎话难编

意谓真话只要如实道来,假话却难编圆满。

真人面前不说假话

指在真人面前说谎话会被识破。指在熟谙世故的人面前不敢说谎言。常用来向人表白自己说的是真话。

真心难留去心人

指对于决心要离去的人,再如何执意挽留都留不住。

枕边告状,一说便准

男人很相信自己女人诉说冤屈的话,很容易答应其相应的要求。

知底莫过当乡人

比喻同乡人之间是最清楚相互底细的。

知恩不报非君子

指不知道报恩的人算不上是品格高尚的人。比喻受人恩惠应该报答。

知夫莫如妻

指妻子最了解自己丈夫。

知己到来言不尽

意谓与知心朋友有说不完的话。

知己莫如友

指朋友是最懂得自己的人。

知人知面不知心

指人的外表容易认识,内心却很难知道。比喻人的真实想法很难了解。说明真正知道一个人很难。

知无不言,言无不尽

意谓只要是自己知道的就没有不说的,说了就一定要把话毫无保留地全说出来。

知音说与知音听,不是知音不与弹

知音:最了解自己的好友。比喻只有遇到了知音,才能真情实意地倾心交谈。

知者不言,言者不知

指有见地的人话不多,滔滔不绝的往往是浅薄无知的人。

知子莫若父,知女莫若母

指父亲对儿子最清楚,母亲对女儿最清楚。

直钩钓不了鱼

指办事的方法过于直接简单解决不了问题。

直言贾祸

贾:买,引申为招致。比喻说话直率易招来祸患。

只许州官放火,不许百姓点灯

多用来讽刺为官的为所欲为,而普通百姓连正当的权益也得不到保障。

只有包做媒人,没有包养儿子

意谓帮助他人办事,但不可能包揽解决所有的问题。

只有痴心的父母,难得孝敬的儿郎

指父母对子女关爱备至,为子女劳神费力;父母却难得子女的真心孝顺。

只有锦上添花,哪得雪中送炭

锦上添花:锦面上再绣上花,比喻美上加美,好上加好。雪中送炭:比喻在别人困难时给予帮助。荣华富贵时,阿谀逢迎的人多;落魄贫困时,同情帮助的人少。指世态炎凉。

只有千年的朋友,没有千年的伙计

伙计:合伙经商的伴当。指朋友之间感情深厚。经得住时间的考验;伙计是暂时利益的结合,交情是短时的。

只知其一,不知其二

指只知道某部分的情况,而不了解其他的问题。

至亲无文

指关系最亲近的人之间不用虚礼。

治席容易请客难

指操办酒席容易，能请到高贵的客人赴宴却很难。

众人拾柴火焰高

比喻一个人的力量有限，人多力量就会强大。

众人是圣人

比喻人多产生智慧。

众心成城，众口铄金

指众人一条心，力量就坚如城堡；众口一致毁谤，就能够熔化金属。比喻心齐力量强，舆论影响巨大。

重打锣鼓另开张

比喻重新开始起步。

周身是刀没一把利

比喻办法很多，但没有一个是有效的。

猪爪煮千滚，总是朝里弯

比喻自家人总会袒护自家人。

主不吃，客不饮

指通常在酒席上主人不喝酒，客人就不便饮酒。换句话说，被邀做客吃饭时，主人不首先举杯请吃，客人就不能开始饮酒吃菜。

主不欺宾

比喻主人不能欺负客人。

主不先宾

意谓凡事主人应让客人在先。

主人让客三千里

指主人对客人要恭敬礼让。

主雅客来勤

指主人的情趣高雅、好客，客人自然就勤于拜访。

拄棍要柱长的，结伴要结强的

指结交朋友要选择能力高的，好比拄长棍子会有所依附一样。

住久人心淡

意谓在别人家住久了，相互间的感情就淡薄了。

助人应及时，帮人要诚心

要真心诚意地及时帮助人解决难处，不能存有不好的想法。

捉鸡儿，骂狗儿

指明指这一个，实际骂的是另一个。

着三不着两

形容人说话办事不讲究分寸。

子孝双亲乐，家和万事成

儿女孝顺，父母就感到快乐；家庭和睦，事事都能办成。

自己贪杯惜醉人

比喻怜悯与自己有同样经历的人。

走三家不如坐一家

指奔波多家求助，不如坐守一家求助有效。比喻与其没有把握地到处求人，不如向有把握的一家求助。

嘴巴是扁的，舌头是软的

指说话要巧，要注重方式。

嘴不让人皮受苦

指嘴上争强好斗的人往往会惹恼别人，挨打受辱。

嘴是两扇皮，反正都使得

指话是由人说的，爱咋说就咋说，不一定靠谱。

作好千日不足，作坏一朝有余

做好事时间虽长，仍然不够；做坏事时间再短，也不应该。劝诫人们要做好事，不要做坏事。

坐如钟，立如松，卧如弓

指健康、稳重的人应有的姿势。比喻坐着要像钟一样稳固，站立要像松树一样挺拔，躺下要像张开的弓一样，身体要向右侧卧。如果能做到这样，对人的身体健康非常有益。

做善好消灾

指多做好事能消免祸患。

做事不可强求，说话不可过头

指无论做事还是说话，都要把握好尺度。

做贼不犯，少做一遍

指贼做久了，必定会继续作案，要想洗手不干也难。

做贼难瞒乡里，心事难瞒妻子

指做了坏事终究隐瞒不过别人。

做着不避，避着不做

指做事光明正大，不逃避责任。